Zeichnungen: E. Ballinger

6. Auflage, Wien 1994

Satz: Garmond Helios leicht
Papier: Euromatt, 100g
Druck: G.Gistel & Cie. Ges.m.b.H., 1031 Wien, Münzgasse 6
ISBN 3-215-**05169**-9

Franz Sedlak · Brigitte Sindelar

Hurra, ich kann's

Frühförderung für Vorschüler und Schulanfänger

ÖBV Pädagogischer Verlag, Wien

Inhalt

Franz Sedlak: So fördere ich mein Kind im Vorschulalter

Franz Sedlak

So fördere ich mein Kind im Vorschulalter

Vom Schulkind wird erwartet, daß es seine Bewegungen gezielt einsetzen, seine Wahrnehmungsfähigkeit mehr und mehr differenzieren, daß es konzentriert und merkfähig arbeiten, sich sozial einordnen kann usw.
Das vorliegende Vorschulförderprogramm geht auf die Grundlagen dieser Fertigkeiten ein und trainiert das für die späteren Leistungen notwendige Fundament.

Im **Bewegungstraining** werden folgende grundlegend wichtige Bereiche trainiert:
1. Nachahmung
2. Körperorientierung
3. Schnelligkeit
4. Konzentration
5. Gezielte Anspannung und Entspannung
6. Gleichgewicht und Koordination
7. Rhythmisches Empfinden.

Im **Sinnestraining** werden in spielerischer Form Impulse zu Sehen, Hören, Tasten, Riechen und Schmecken vermittelt. Der Grundgedanke dabei ist:
1. Experimentieren mit den Sinnesorganen und Freude an der Wahrnehmung entwickeln
2. Die Sinne immer differenzierter einsetzen und gebrauchen (Unterscheiden von Tonhöhen, Helligkeitsstufen usw.)
3. Die Leistungen mehrerer Sinne miteinander koppeln und integrieren, sodaß die Umschaltung, etwa vom Lesen zum Schreiben oder vom Hören zum Sagen, leichter gelingt.

Im **Gedächtnistraining** werden folgende Bereiche gezielt geübt:
1. Formen erkennen, nachahmen, wiedererkennen
2. Inhalte wiedergeben können (sowohl länger als auch weniger lang zurückliegende), Fertigkeiten praktischer Art entwickeln
3. Räumliche Beziehungen einprägen
4. Zeitliche Beziehungen einprägen (z. B. Erledigen von Aufträgen in bestimmter Reihenfolge).

Im **Konzentrationstraining** werden folgende Grundlagen für die spätere Fähigkeit zu gezielter Arbeit geübt:
1. Formen und Ganzheiten erfassen
2. Wichtiges von Unwichtigem, Besonderes von Allgemeinem, Vordergründiges (Figur) vom Hintergrund zu differenzieren
3. Einsatz von Sprache zur Steuerung des Verhaltens (was besonders bei Aufmerksamkeits- bzw. Ablenkbarkeitsproblemen und Überaktivität wichtig ist).

Im **Sozialtraining** geht es um den Erwerb folgender grundlegender Fähigkeiten:
1. „Was erkennst du?“ – Soziale Wahrnehmung an anderen Personen
2. „Was erkennst du?“ „Was fühlst du?“ – Soziale Wahrnehmung bei sich selbst (z. B. Gefühlsreaktionen auf bestimmte Ereignisse)
3. „Was tust du?“ „Was sollst du tun?“ – Richtiges soziales Verhalten
4. „Was sollst du nicht tun?“ – Erkennen von notwendiger Einschränkung, Einordnung, von Triebverzicht bzw. Bedürfnisaufschub.

Die Hinweise zur **Förderung der Motivation und seelischen Entwicklung des Kindes** gehen davon aus, daß Lernfreude und vieles andere mehr schon sehr früh positiv beein-

flußt werden kann. Im einzelnen wird eingegangen auf:
1. Verhaltensweisen von Kindern
2. Lebenseinstellungen, Taktiken
3. Grundbedürfnisse.

Der Abschnitt **VT mit TV – Vorschultraining mit TV-Filmen** geht davon aus, daß sich die Medieneinflüsse, denen unsere Kinder ausgesetzt sind, positiv verwerten lassen für das:
1. Training kognitiver Fertigkeiten
2. Training der Kreativität
3. Training der Erlebnisfähigkeit und sozialen Wahrnehmung.

Eine wichtige Grundüberlegung: Soll man überhaupt fördern?

Einige Forscher versichern glaubhaft, daß verschiedene Hirnfunktionen oft erst nach Schuleintritt ausreifen, und sprechen sich für einen späteren Schulanfang – etwa mit sieben, acht oder neun Jahren – aus. Sie weisen darauf hin, daß zu frühes Trainieren und Verschulen auch für die persönliche Entfaltung und Kreativität schädlich sei.
Andere Psychologen, Ärzte, Pädagogen wiederum gehen vom Grundsatz „Was Hänschen nicht lernt, lernt Hans nicht mehr" aus und treten für eine möglichst frühe Erfassung möglicher Teilleistungsschwächen und eine möglichst frühe Förderung und gezielte Anregung des Kindes ein.
Was ist richtig?
Ein Forscher hat folgenden wichtigen Satz gesagt: **„Je mehr Erfahrungen ein Kind macht, desto fähiger wird es, Erfahrungen zu machen!"** Wir wollen ergänzen: **„Je positiver diese Erfahrungen sind, umso besser für die geistige und seelische Entwicklung!"**
Damit die Erfahrungen aber positiv sind, muß die Förderung dem Kind, seiner Funktionsreife, seinem Entwicklungsstand angemessen sein und ihm möglichst viele Erfolgserlebnisse vermitteln.
Man kann ein Kind allein gehen und solange dahinstolpern lassen, bis es irgendeinen Weg findet, wie es weiterkommt. Man kann ein Kind an der Hand mit sich vorwärtszerren. Man kann ein Kind aber auch an der Hand nehmen, neben ihm gehen, es auf diese oder jene Unebenheiten aufmerksam machen und damit absichern, daß es möglichst bald und selbständig seinen richtigen Weg findet, ohne durch Mißerfolge und Rückschläge seelische Verwundungen und Entmutigungen erlebt zu haben.

Praktische Hinweise zum Vorschulförderprogramm

1. Jeder Wochentag ist für einen bestimmten Trainingsbereich reserviert: Am Montag steht Bewegungstraining auf dem Programm, am Dienstag Sinnestraining, am Mittwoch Gedächtnistraining, am Donnerstag Konzentrationstraining, am Freitag Sozialtraining. Diese Einteilung ist nicht zwingend, bietet Ihnen jedoch eine gute Gedächtnisstütze und Ihrem Kinde genügend Abwechslung. Wenn Sie das Buch einmal nicht zur Hand haben, genügt es, daß Sie sich erinnern, welchen Trainingsbe-

reich Sie an diesem Tag immer gefördert haben.

2. Machen Sie pro Tag nicht mehr als ein bis zwei Übungen. Das Kind soll nicht „niedergedrillt" werden, sondern Förderimpulse erhalten. Es ist besser, eine Übungsidee zu variieren oder einfach zu wiederholen, als neue Übungen an diesem Tag einzuführen.
3. Spielen Sie nicht den strengen Lehrmeister, sondern bedenken Sie kleinste Erfolgsschritte schon mit anspornendem Lob. Auch wenn die Antwort des Kindes anders ausfällt, als eigentlich vorgesehen war, kann man Lobenswertes entdecken. Die Übung ist dann sinngerecht, wenn das Kind dabei das Gefühl bekommt: Ja, das kann ich auch! Zusätzlich helfen die Belohnungsbäume.
4. Der tägliche Zeitaufwand für die Übungen liegt zwischen einer Viertelstunde und einer Stunde. Am besten stellen Sie sich auf eine halbe Stunde ein.
5. Ihr Kind ist auch vielen anderen Einflüssen ausgesetzt, nicht bloß Ihren Förderimpulsen. So sieht und hört es recht viel, sei es in der Familie selbst oder in TV und Rundfunk. Überlegen Sie sich daher auch die Hinweise zur Förderung der persönlichen Entwicklung und der Motivation, und machen Sie anhand unserer Vorschläge aus dem täglichen TV-Konsum Ihres Kindes eine wertvolle Anregung.
6. Nehmen Sie den Alltag mit all seinen Ereignissen als Trainingsmöglichkeit wahr. In der natürlichen Umwelt lernt das Kind am besten, was es über Geografie, Biologie, Physik usw. für sein Alter wissen soll.
7. **Wichtiger Hinweis:** Die beste Förderung für Ihr Kind ist die liebevolle und konsequente Zuwendung ihm gegenüber. Diese Haltung ist das unersetzliche Fundament für alle im folgenden angeführten Basisprogramme.

Wichtig
Alle Übungsbereiche bestehen aus Aufgaben und Spielen mit unterschiedlichem Schwierigkeitsgrad. Wählen Sie für den Anfang Übungen, bei denen ein Erfolg wahrscheinlich ist. Gehen Sie erst dann zu schwierigeren über.

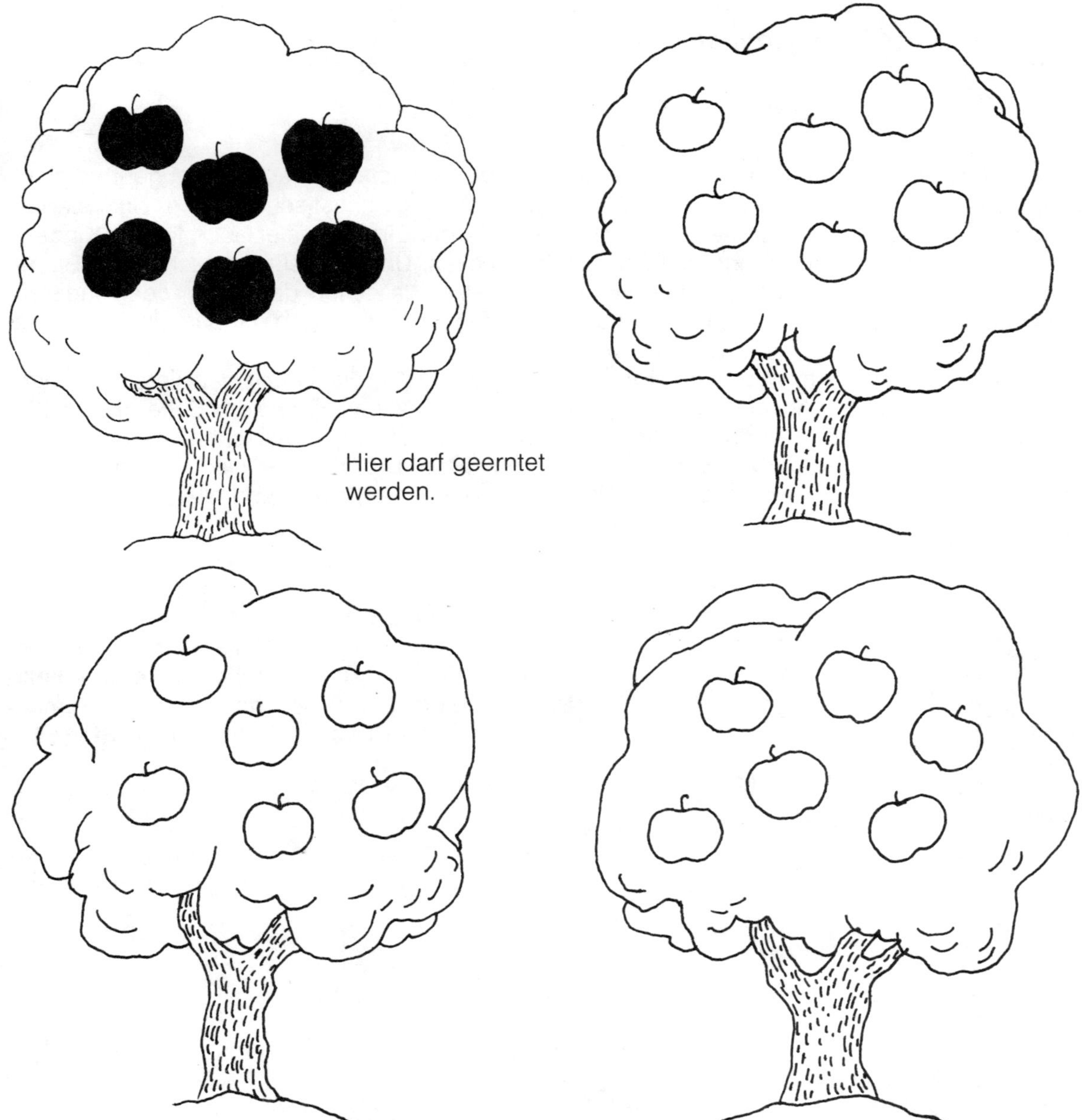

Belohnungsbäume

Nach jeder absolvierten Übung wird vom Kind ein Apfel angemalt. Jeder fertige Baum wird geerntet, d. h. Ihr Kind hat eine kleine Belohnung verdient.

Allgemeine Hinweise

Bei den folgenden Übungen bilden wir mit dem Körper Buchstaben nach. Dabei geht es nicht darum, vorzeitig Lesen lernen zu wollen, sondern um die gymnastische Übung. Buchstaben bieten außerdem eine recht gute Gedächtnisstütze für die Eltern (später auch für die Kinder), die mit den Kindern Bewegungsübungen machen wollen. Und schließlich machen die Buchstabenfiguren den Kindern besonders viel Spaß, weil sie ja schon den einen oder anderen Buchstaben irgendwo gelernt haben und oft recht eifrig sind im Fragen: Ist das ein A? Ist das ein S?
Sehen Sie sich bitte zunächst einmal in Ruhe die Seiten 14 bis 17 mit den verschiedenen Buchstabenfiguren an. Anschließend lesen Sie die allgemeinen Hinweise (Seite 18 bis 20) Schritt für Schritt durch. Blättern Sie dann gleich weiter zu den zwei praktischen Beispielen, die von Seite 21 bis 24 beschrieben werden. Sie werden sehen: Die Übungen sind recht einfach zu merken und machen Ihnen bald genausoviel Freude wie Ihren Kindern und allen anderen Kindern, die bisher das ABC geturnt haben!

Suchen Sie eine Wand aus, vor die sich das Kind hinstellt. Als Orientierungshilfe sollte links vom Kind die Fensterseite sein: **lichte Seite – linke Seite.** Weiters sollte sich das Kind ein Gummiringerl über den rechten Arm streifen: **Ringerl – rechts.**

Diese Haltung wird immer am Anfang und am Ende einer stehenden bzw. knieenden Figur eingenommen.

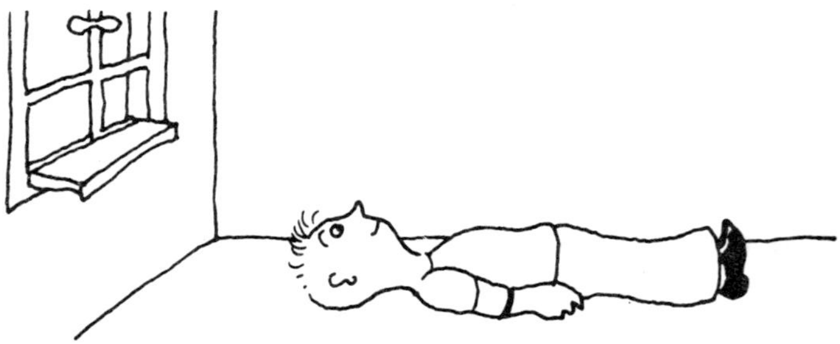

Diese Haltung wird immer am Anfang und am Ende einer liegenden bzw. sitzenden Figur eingenommen. (Immer wenn der Po den Boden berührt.)

Belohnungsbäume für die ABC-Gymnastik

Nach jeder absolvierten Übung wird vom Kind ein Apfel angemalt. Jeder fertige Baum wird geerntet, d. h. Ihr Kind hat eine kleine Belohnung verdient.

Die Figuren von A bis Z

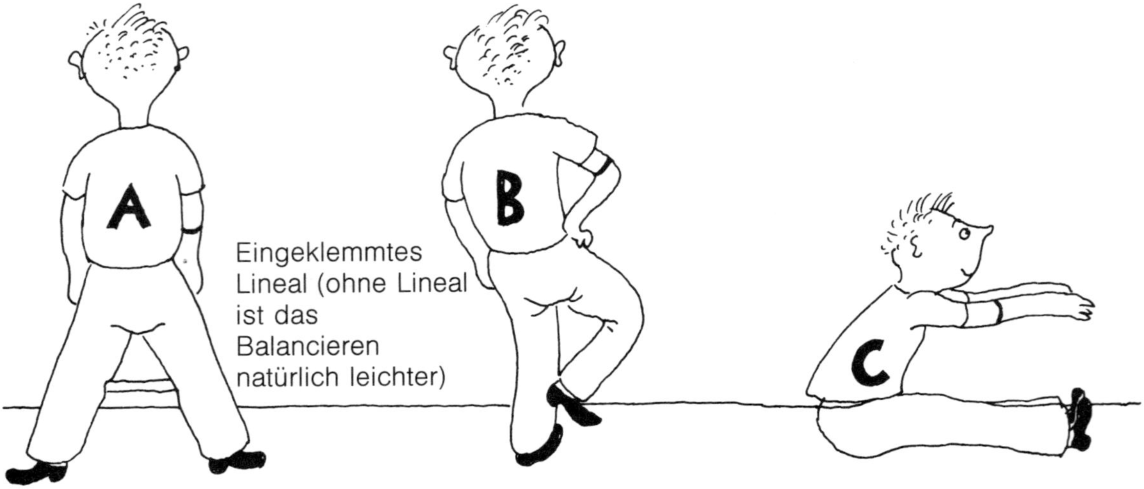

B eignet sich besonders gut für eine Balanceübung.

D eignet sich besonders gut für eine konzentrative Bewegungsübung. Beim Wechsel zur Grundposition 1 wird eine Vierteldrehung nach links vollzogen, damit der Körper wieder zur Wand (fixer Orientierungspunkt) gerichtet ist.

Hinweise
G, H, I eignen sich besonders gut für Anspannung und Entspannung.
J ist eine schon recht schwierige Balanceübung.
Beim Wechsel L in Position 2 Achtung vor Muskelkater (Bauchmuskeln!).

Hinweise
Das Bewegungstraining mit 0 ist fast schon Schigymnastik (ebenso mit S).
Alle Übungen verlangen viel Balancegefühl, besonders N.
Das Bewegungstraining mit M, S, O eignet sich auch gut als rhythmische Übung, ebenso der Wechsel zwischen P und R.

Hinweise

Das Bewegungstraining mit T und Y erinnert an Vogelflug.
Mit T und V lassen sich auch leicht rhythmische Übungen einbauen.
Mit V und W lassen sich Balanceübungen für ganz besonders Fortgeschrittene durchführen.

Beachte: Die obigen Hinweise sind als Beispiele zu verstehen. Grundsätzlich sollen bei allen Figuren alle Trainingsrichtungen zur Anwendung gelangen.

Übungsablauf

1. Suchen Sie eine Buchstabenfigur aus – z. B. A oder C oder L.
2. Bei den Figuren A, B, D, F, H, I, J, K, M, O, P, Q, R, S, T, X, Y, Z, also bei den stehenden Figuren, stellt sich das Kind mit dem Gesicht zur Wand. Links befindet sich die Fensterseite. Über den rechten Arm ist ein Gummiringerl gestreift. Nun nimmt das Kind die jeweilige Figur ein.

   Z. B.:

   Bei manchen Figuren ist dabei eine Vierteldrehung zu vollziehen.

3. Bei den Figuren C, E, G, L, N, U, W, den sitzenden oder liegenden Figuren, also immer, wenn der Po den Boden berührt, wird zunächst die Liegehaltung eingenommen. Dann wird die Buchstabenfigur nachgemacht, schließlich wieder die Ausgangslage eingenommen. Kompletter Ablauf (drei Phasen) z. B.:

Achtung: Bei den Figuren C, E, G, L, N, U, W ist die linke Körperseite immer näher zur Wand.

4. Zu Beginn fragt man nun das Kind in der Ausgangs- und in der Buchstabenhaltung: „Wohin zeigen deine Arme?“ – „Wohin zeigen deine Beine?“ – „Wohin zeigt dein Kopf?“ – „Welches ist der rechte Arm?“ – „Welches ist der linke Arm?“ Usw.

Frage: „Welcher Arm ist **höher**?“ –
„Ja, der rechte!“

Frage: „Welcher Arm ist **abgewinkelt**?“ –
„Ja, der rechte!“

Alle Fragen zur Raum- oder Körperorientierung sind möglich.

5. Jede Übungseinheit besteht aus Ausgangsfigur – Buchstabenfigur – Ausgangsfigur (siehe auch Punkt 3):

Z. B.:

In der Folge bittet man das Kind, die Übungseinheit **schnell** einige Male hintereinander zu machen (1, 2, 1, 2, 1 usw.).

6. Nun soll, nach einer kleinen Pause, die Bewegung einige Male hintereinander **langsam, ruhig, fließend** gemacht werden (1, 2, 1, 2, 1 usw.).
   1 ist immer die stehende oder liegende Ausgangshaltung, 2 die gewählte Buchstabenfigur.

7. Das Kind soll nun versuchen, in der Ausgangshaltung und dann in der Buchstabenhaltung **ganz ruhig** und **bewegungslos** zu bleiben (zehn bis dreißig Sekunden).

Z. B.:

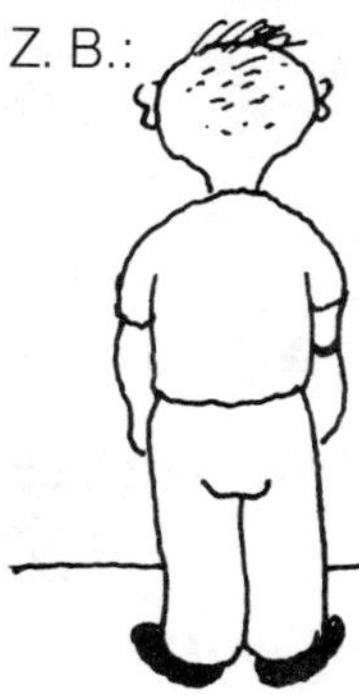

„Ganz ruhig, atme ruhig!“

Nach zehn bis dreißig Sekunden Buchstabenhaltung

8. Nun nimmt das Kind wieder die Ausgangshaltung ein und versucht, ganz **locker** zu sein. Dann **spannt** es die Armmuskeln an, lockert dann die Beinmuskeln, lockert wieder, dann die Muskeln des einen Armes, lockert, dann die des anderen, lockert wieder. Usw.

Z. B.: „Ganz locker!“

„Ball die Fäuste! Spann die Muskeln an!“

Oder:

„Jetzt wieder locker!“

„Jetzt spann die Beine an! Stemm sie gegen den Boden!“

Usw. Zum Schluß lockern. Dann eventuell Phase 2 (Buchstabenfigur).

9. Zu einem nicht zu schnellen Takt einer Musik oder zu einem gleichmäßigen Händeklatschen oder Klopfen macht das Kind die Bewegungen der Übungseinheit einige Male hintereinander (1, 2, 1 usw.), möglichst **rhythmisch.** Zum Schluß lockern.

Wichtig:
Alle angeführten Übungen jeweils mit derselben Buchstabenfigur durchführen. Also z. B. eine Turnstunde nur mit A, das nächste Mal mit B. Usw. (Die oben dargestellten Übungen zeigen absichtlich verschiedene Buchstabenfiguren.)

1. Beispiel: Turnstunde mit „A“

Heinzi stellt sich vor „seine“ Übungswand im Zimmer. Er hat sich ein Gummiringerl über den rechten Arm geschoben. Links von ihm befinden sich die Fenster.
Der Übungsleiter (abgekürzt ÜL) – entweder die Mutter oder der Vater, der Lehrer oder die Lehrerin – zeigt Heinzi im Buch das „A“ und sagt:
„Heute üben wir diese Figur.“
Wenn das Kind schon weiß, daß es sich um ein A handelt oder danach fragt, kann der ÜL auch sagen:
„Heute üben wir das A!“
Heinzi stellt sich zunächst in der Grundhaltung vor die Wand.
„Jetzt mach das A nach!“
Heinzi grätscht die Beine, wie er es im Buch gesehen hat.
Der Lehrer stellt nun einige **Körperorientierungsfragen:**
„Heinzi, wo ist dein rechter Arm?“ – „Ja, richtig, wo das Ringerl ist.“ – „Wohin zeigen deine beiden Hände?“ – „Ja, richtig, nach unten!“ – „Ist dein Kopf gerade oder schief?“ – „Ja, richtig, er ist gerade!“ Usw.
Der ÜL stellt, nach Belieben, noch einige weitere Fragen.

Nun sagt der ÜL:
„Heinzi, geh nochmals in die Ausgangshaltung zurück! Jetzt mach nochmals das A, und jetzt wieder die Ausgangshaltung. Sehr gut! Und jetzt zähl bitte dabei! Sag 1, wenn du in der Ausgangshaltung bist, 2, wenn du das A nachmachst, und 1, wenn du wieder deine Ausgangshaltung einnimmst! Ja, sehr gut!“

„Heinzi, jetzt machen wir eine **Tempo-Übung***. Sag jetzt schnell hintereinander 1–2–1, und ebenso schnell machst du die Figuren."
Heinzi wechselt ganz schnell von der Ausgangsfigur in das A und wieder zurück und ruft dabei: „1–2–1!"
Der ÜL läßt Heinzi kurz verschnaufen.
„Jetzt machen wir es umgekehrt, Heinzi! Jetzt sollst du ganz langsam 1–2–1 sagen und ebenso langsam die Figuren machen. Ganz langsam, ja, noch langsamer!"
„Und jetzt, Heinzi, geh wieder in die Ausgangshaltung zurück und versuch dich einige Zeit nicht zu bewegen. Bleib ganz ruhig stehen!"
Nach etwa zehn bis dreißig Sekunden sagt der ÜL:
„Ja, sehr gut! Und jetzt mach das A und versuch ganz ruhig so stehenzubleiben!"
Nach weiteren zehn bis dreißig Sekunden sagt der ÜL:
„So, jetzt darfst du dich wieder bewegen. Schüttle dich einmal gut aus. Stell dich in der Grundhaltung hin und bleib ganz **locker**. Ja, und jetzt spann die Arme an, ball deine Fäuste."
Nach einigen Sekunden:
„Ja, jetzt laß wieder locker. Jetzt preß deine Arme gegen deine Körperseiten, atme ruhig dabei weiter. Ja, jetzt wieder locker."
Der ÜL hat noch weitere Einfälle für **Anspannen und Entspannen**. Dann läßt er Heinzi das A machen und gibt auch hier wieder Anregungen zum Anspannen und Entspannen. Zum Schluß läßt er immer wieder lockern. Dann ruft er:
„So, Heinzi, jetzt machen wir es wie bei einem Tanz. Ich werde jetzt bei jedem Wort mitklatschen, und du paßt genau auf und machst mit:
„Mach 1, und jetzt mach 2, und jetzt mach 1, und jetzt mach 2." Usw.
Zum Schluß sagt der ÜL:
„So, jetzt schüttle dich wieder aus und raste dich aus. Du warst sehr tüchtig!"
Die „Turnstunde" dauert meistens etwa zehn bis zwanzig Minuten.

*Nicht allzu schnell machen. Bei körperlichen Einschränkungen oder zu schwierigen Figuren weglassen.

2. Beispiel: Turnstunde mit „L"

„Heute üben wir mit dem ‚L'. Leg dich bitte einmal in die Grundhaltung. Ja, richtig, dein Kopf muß zum Fenster zeigen, und dein linker Arm (ohne Gummiringerl) liegt neben der Wand. Nun sag mir: Wohin zeigen deine Arme? Wohin zeigen deine Beine? Ja, richtig, die Arme und Beine zu dieser Wand (gegenüber der Fensterseite). So, und jetzt mach das L, die Figur, die ich dir zuerst im Buch gezeigt habe."
Heinzi macht die Figur nach. Der ÜL stellt auch jetzt wieder einige Fragen zur **Körperorientierung**. Dann sagt er:
„So, jetzt leg dich wieder hin und sag dazu 1. Dann machst du wieder das L und sagst 2 und dann wieder 1 usw."
Nachdem Heinzi die Bewegung ausprobiert hat, sagt der ÜL:
„So, und jetzt mach das so schnell*, wie du kannst, und sag dabei 1, 2, 1, 2 usw.!"

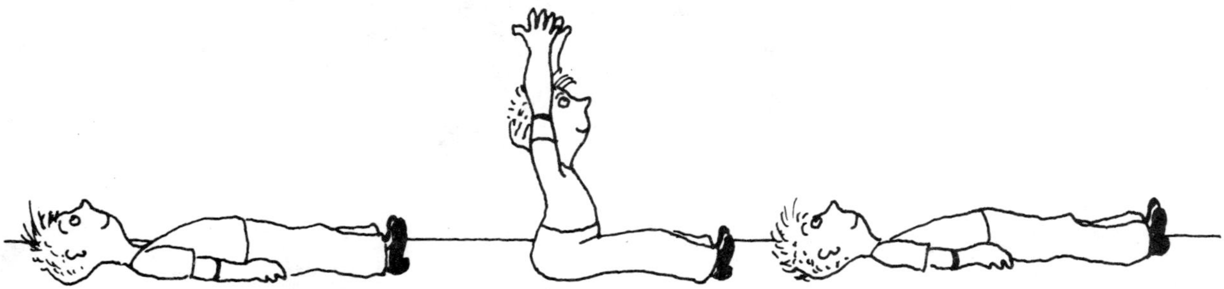

„Das hast du sehr gut gemacht, Heinzi! Jetzt mach eine kurze Pause, und dann machst du die Bewegung ganz langsam, so langsam du kannst, und zählst wieder dabei. **Konzentrier** dich dabei und beweg dich ganz langsam!"
Heinzi macht die Bewegungen ganz langsam und ruhig. Er hält die Augen dabei geschlossen.
„So und jetzt locker deine Arme und Beine und leg dich ganz locker hin! Und jetzt spann die Beine an und stemm sie gegen den Boden! Laß wieder locker! Und jetzt zieh die Fußspitzen in Richtung Kopf, beweg nur die Fußspitzen, die Beine bleiben dabei liegen! Und jetzt laß wieder locker!"
Der ÜL hat noch einige weitere **Entspannungs- und Anspannungsvorschläge**, auch mit dem L. Danach läßt er immer wieder lockern.
Zum Schluß der Turnübungen läßt der ÜL den Wechsel zwischen Liegen und der Figur L wieder rhythmisch durchführen. Er dreht Musik im Zweiviertel- bzw. Vierviertеltakt an und sagt:
„Heinzi, mach es jetzt wie bei einem Tanz, und sag wieder 1 und dann 2, und beweg dich dabei hin und her."

*Nur mäßig schnell. Bei schwierigen Figuren oder körperlichen Einschränkungen weglassen.

Schließlich läßt der ÜL wieder Lockerungsübungen durchführen. Arme und Beine tüchtig ausschütteln!

Ergänzende Hinweise:
Um Verletzungen zu vermeiden, bei den Tempoübungen nicht zu schnell sein. Überhaupt keine Tempoübungen sollten bei den Buchstabenfiguren J, N, X gemacht werden, da man sich dabei leicht weh tun oder stolpern könnte.
Das Q unterscheidet sich beim Turnen nicht vom O. Nur für die **Balanceübungen** (bei denen das Kind einige Sekunden ganz ruhig und ohne Bewegung stehen bzw. sitzen oder knien soll) kann hier ein Stab oder Besen eingesetzt werden. Ebenso kann bei der Balanceübung von A ein Lineal zwischen die Beine geklemmt werden. Dann wird es wieder weggegeben, um bei den weiteren Übungen nicht zu stören.
Wenn die Übungen ohne sportlichen Über-Ehrgeiz und bei etwaigen körperlichen Einschränkungen ohne die Tempoübungen (Schnelligkeit) durchgeführt werden, können sie sehr viel Spaß machen und auf vielfache Weise zu positiven Effekten führen.

Dienstag: Sinnestraining

Allgemeine Hinweise

Die folgenden Übungen befassen sich der Reihe nach mit Sehen, Hören, Tasten, Riechen und Schmecken.
Anfangs geht es bei den Spielen immer um Beispiele, wie man mit Sehen, Hören, Tasten, Riechen und Schmecken mit Lustgewinn experimentieren kann. Zunehmend werden dann auch Aufgaben gestellt, bei denen schon sehr genau differenziert werden muß – z. B. verschiedene Helligkeitsstufen oder Klangstärken. Außerdem sind Übungen und Anregungen vorgesehen, die die Verknüpfung mehrerer Sinnesorgane miteinander trainieren – z. B. das Ausführen bestimmter Bewegungen zu bestimmten Lautstärken.

Belohnungsbäume für das Sinnestraining
Nach jeder absolvierten Übung wird vom Kind ein Apfel angemalt. Jeder fertige Baum wird geerntet, d. h. Ihr Kind hat eine kleine Belohnung verdient.

1
Fern-Sehen statt Fernsehen

Wissenschaftler haben festgestellt, daß häufiges, einseitiges Nahsehen (auf den Bildschirm des TV-Geräts oder auch in Bücher) bei Kindern zu Kurzsichtigkeit führen kann. Deshalb soll der Blick zwischendurch immer wieder auf weiter entfernt liegende Ziele eingestellt werden.

2
Indianer-Blick

Wenn man den Kopf hin und her bewegt, scheinen sich die nahe gelegenen Dinge rascher zu bewegen als die entfernteren. Dadurch lassen sich Dinge „erspähen", die man sonst vielleicht übersehen würde.

3
Karussell

Wenn man den Kopf ganz schnell hin und her bewegt, scheint die Welt wie von einem Karussell herab hin und her zu schwingen.

4
Das Zauberfernrohr

Die Kinder halten die Hände so vor die Augen, daß sie wie durch ein Fernrohr hindurchsehen und ein Ziel anvisieren können. Wenn man die Hände und den Kopf nicht bewegt, das rechte Auge schließt und nur mit dem linken Auge schaut (und umgekehrt), verschwindet das anvisierte Ziel, erscheint wieder, verschwindet wieder, usw., je nachdem, welches Auge gerade geschlossen ist.

5
„Ich sehe rot"

Die Mitspieler einigen sich auf eine bestimmte Farbe, und nun sollen möglichst viele gleichfarbige Dinge in der näheren und weiteren Umgebung entdeckt werden.

6
Schattenwerfen

Man richtet den Schein einer Lampe auf eine helle Wand. Bringt man die Hände vor die Lampe, werfen sie einen Schatten auf die Wand. Je weiter man von der Lampe weg zur Wand hin geht, desto kleiner wird der Schatten.

7
Schattenraten

Alle Mitspieler schauen zur Wand, nur einer hält irgendeinen Gegenstand so vor die Lampe, daß er einen Schatten wirft. Die übrigen Mitspieler müssen erraten, um welchen Gegenstand es sich handelt. Eine andere Möglichkeit: Ein Mitspieler hält die Hände so vor die Lampe, daß sie Schatten wirft. Die Mitspieler rätseln, was das Schattengebilde darstellen könnte.

8
„Wo ist es am dunkelsten?"

Im Zimmer werden die hellsten bzw. die dunkelsten Stellen gesucht. Die Mitspieler versuchen zu begründen, warum es da so hell oder so dunkel ist.

9
Größtes – Kleinstes

Im Zimmer wird der größte bzw. der kleinste Gegenstand gesucht.

10
Schrittmesser

Alle schätzen die Entfernung von ihrem Standort zu einem bestimmten Gegenstand im Zimmer, den man vorher auf den Boden gelegt hat. Die Entfernungen werden in Schritten angegeben – z. B. drei Schritte weit, acht Schritte weit, je nachdem, wieweit gezählt werden kann.

11
Handwerker

In einer flachen Schachtel liegen verschiedene Schrauben und Muttern. Die zusammengehörigen Schrauben und Muttern müssen paarweise zusammengelegt werden. Dann wird durch Anschrauben geprüft, ob man richtig gesehen hat.

12
Gehörtes finden

Ein Kind dreht sich mit dem Rücken zu den anderen. Die Mitspieler erzeugen mit einem Gegenstand ein Geräusch, der Gegenstand muß vom Kind, das sich wieder umgedreht hat, erraten werden.

13
Laut – leise – hoch – tief

Auf ein Blatt Papier werden verschieden lange Striche gezogen. Je länger der Strich ist, desto lauter muß der Spieler brummen oder singen, je kürzer, desto leiser. Ebenso werden verschieden dicke Striche gezogen. Je dicker der Strich, desto tiefer muß gebrummt oder gesungen werden, je dünner, desto höher.

14
„Du klingst so traurig!"

Jeder Spieler muß ein Geräusch erzeugen. Die anderen müssen erraten, ob es ein „lustiges", „trauriges", „zorniges" oder „ängstliches" Geräusch war.

15
Stimmenimitator

Jeder darf eine kurze Szene etwa aus einem Hörspiel, das auf Cassette aufgenommen ist, aus dem Gedächtnis nachspielen und muß dabei seine Stimme verändern, je nachdem, welche Personen er darstellt.

16
Geräusch-Ping-Pong

Es bilden sich zwei Gruppen. Je zwei Spieler treten „gegeneinander" an: Der eine Spieler erzeugt ein Geräusch, der andere muß es schnell nachmachen. Dann macht nun dieser ein Geräusch, und der erste Spieler muß es rasch nachmachen und darf dann selber wieder ein Geräusch erfinden. Usw.

17
„Stell das Radio leiser!"

Jeder darf ein Radio spielen. Die anderen drehen an einem unsichtbaren Knopf dieses „Radios" und stellen es damit leiser oder lauter.

18
Stille Post

Eine Flüsterbotschaft wird von Ohr zu Ohr weitergegeben, und dann wird verglichen, was der erste Spieler geflüstert und der letzte Spieler verstanden hat.

19
Reimdetektiv

Man stellt die Frage: Was klingt so ähnlich wie . . .? Jeder Mitspieler versucht einen Reim zu finden und darf dann selber ein neues Wort vorschlagen.

20
Mittagsgeräusche

Beim Mittagessen wird das Tonbandgerät eingeschaltet. Nachher hören sich alle die verschiedenen Geräusche an und versuchen, sie zu identifizieren.

21
Schneller – langsamer – höher – tiefer

Je schneller geklatscht wird, desto schneller muß eine bestimmte Bewegung, z. B. eine Kniebeuge, ausgeführt werden; je langsamer, desto langsamer. Je höher gesummt wird, desto mehr strecken sich die Mitspieler; je tiefer der Ton ist, desto kleiner machen sie sich.

22
Dirigent und Tänzer

Zu moderner oder klassischer Musik wird „dirigiert" oder getanzt.

23
Vor der Tür

Eine Tür wird einen Spalt breit geöffnet. Ein vorher ausgewähltes Kind muß eine Hand durch den Türspalt stecken. Auf der anderen Seite stehen die Mitspieler und geben dem Kind einen Gegenstand in die Hand, den es erraten muß. Wessen Gegenstand erraten wird, der muß nun mit dem vor der Tür stehenden Kind tauschen.

24
Handwerker

Die bereits erwähnte Schachtel mit verschiedenen Schrauben und Muttern kommt nochmals in Verwendung. Das Kind muß die Augen schließen und versuchen, passende Muttern auf die Schrauben zu geben.

25
Prinzessin auf der Erbse

Verschiedene Tücher werden übereinander über einen Gegenstand auf dem Boden oder auf dem Tisch gelegt. Wer besonders viel Tastgespür hat, errät als erster, worum es sich handelt. Wenn nicht richtig geraten wird, wird nach und nach je ein Tuch von oben weggenommen.

26
Möbel tasten

Die Kinder versuchen, durch Tasten mit den Händen Unterschiede zwischen den einzelnen Möbeln herauszufinden: rauh – glatt, kalt – warm usw.

27
Schrift tasten

Auf ein Blatt Papier wird mit festem Druck etwas geschrieben, gezeichnet oder gekritzelt. Dann wird das Blatt umgedreht, und das mitspielende Kind muß nun mit geschlossenen Augen die Stelle des Blattes ertasten, auf die geschrieben wurde, auf der sich also die Schrift durchgedrückt hat.

28
Was ist rauh/glatt/hart/weich/kalt/warm/schwer/leicht?

Zu jeder Frage müssen entsprechende Gegenstände gefunden werden.

29
Löcher finden

In ein Blatt Papier werden verschieden große Löcher geschnitten. Ein Mitspieler muß nun mit geschlossenen Augen ertasten, wo das größte oder das kleinste Loch ist.

30
Knoten in der Schnur

In eine Schnur werden verschieden große und verschieden weit auseinander liegende Knoten geknüpft. Das Kind soll die Schnur durch seine Hand gleiten lassen und angeben: groß – klein, weit – eng.

31
Stark – schwach

Mit einem Bleistift wird mit unterschiedlichem Druck gezeichnet oder geschrieben. (Kann auch auf Kommando erfolgen.)

32
Streichholzturm

Mit Streichhölzern wird ein Turm errichtet, wobei jeder Mitspieler jeweils ein Streichholz auf das Streichholzviereck schlichtet. Jedes Streichholz wird mit dem Kopf auf das Ende des vorherigen gelegt.

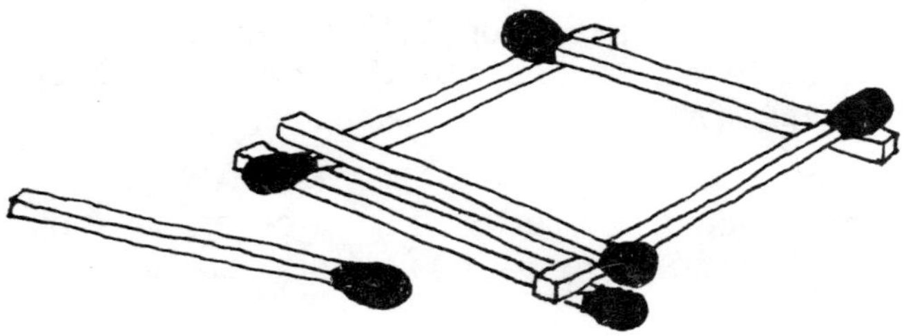

33
Groß – klein – laut – leise – leicht – schwer – dick – dünn

Man verwendet wieder die Knotenschnur: Bei großen Knoten wird laut gebrummt, bei kleinen leise. (Die Augen sind dabei natürlich geschlossen.) Dann werden vom Kind verschiedene Gegenstände gehoben. Je schwerer der Gegenstand ist, desto dicker muß der Strich sein, den es auf ein Blatt Papier zeichnet.

34
Was gibt es heute?

Man versucht anhand der Düfte die Speisen, die eben zubereitet werden, zu identifizieren.

35
Wieso schmeckt mir das und dieses nicht?

Die Kinder reden darüber, was ihnen schmeckt und was nicht.

36
Gewürzforscher – Blumenforscher

In der Küche stehen verschiedene Gewürze, die man riechen oder auch schmecken kann. In der Vase stehen Blumen, an denen man riechen kann. Nachdem die verschiedenen Gerüche einmal erforscht sind, kann ein Quiz veranstaltet werden. Die Augen werden verbunden, und nun muß erraten werden, was man riecht oder schmeckt.

37
Fährte finden

Auf den Tisch wird ein Bleistift gelegt. Das Kind muß nun mit verbundenen Augen die Stelle finden, wo der Bleistift liegt.

Allgemeine Hinweise

Die folgenden Gedächtnisübungen haben unterschiedliche Schwerpunkte. Einige Spiele beziehen sich auf Merken bzw. Wiedererkennen von Formen, andere verlangen Reproduktion von Ereignissen oder Inhalten, weitere Übungen beziehen sich auf räumliches Gedächtnis. Wieder andere Spiele betonen die Zeitdimension, d. h. die Abfolge oder Reihenfolge von Inhalten, die gemerkt werden muß (Wochentage, Monatsnamen usw.).

1 Fotoalbum Ein Fotoalbum, aber auch Dias, bilden das Übungsmaterial. Das Kind wird gefragt: „Wo war das? Kannst du dich noch erinnern, was da los war?" Usw.

2 „Das kann ich schon!" Bestimmte Fähigkeiten werden bei Schulkindern vorausgesetzt, z. B. Sich-selbst-die-Schuhbänder-Knüpfen oder Sich-allein-Anziehen. Auch kleine Verrichtungen im Alltag können eintrainiert werden und das Kind zum stolzen Ausruf veranlassen: „Das kann ich schon!"

3 „Wo wohnst du?" „Wie heißt du?" In einfachster Form wird Faktenwissen verlangt.

4 Wo steckt das Buch? Ein Buch wird vorgezeigt und dann, ohne daß das Kind das sieht, wieder in das Regal zurückgesteckt. Nun, wo steckt das Buch?

5 „Cassetten-Recorder" Ein Kind singt oder pfeift eine Melodie, ein anderes muß die Melodie „aufnehmen" und nachsingen. Ebenso können auch Klopfmuster „aufgenommen" und wiedergegeben werden.

6 Ecken-Begrüßen Ein altbewährtes Spiel; während ein Spieler aus dem Zimmer geht, vereinbaren die anderen, welche vier Personen die vier Zimmerecken darstellen. Dann wird das hereingeholte Kind gefragt: „Wie begrüßt du diese Ecke?" Dabei gibt es natürlich viel zu lachen, wenn z. B. die Ecke, die den Vater darstellt, begrüßt wird mit: „Servus, Kleiner!"

7 KIM-Orientierung Wieder werden Gegenstände ausgebreitet. Ein Spieler dreht sich um, ein Gegenstand wird an eine andere Stelle gelegt. Nun muß das Kind raten, welcher Gegenstand gewandert ist.

8 Wo war der Käfer? Auf ein Blatt Papier wird ein kleiner Papierkäfer gesetzt, den man vorher ausgeschnitten hat. Das Kind dreht sich um. Der Papierkäfer wird neben

Belohnungsbäume für das Gedächtnistraining

Nach jeder absolvierten Übung wird vom Kind ein Apfel angemalt. Jeder fertige Baum wird geerntet, d. h. Ihr Kind hat eine kleine Belohnung verdient.

das Blatt gelegt, und nun muß das Kind nach dem Wiederumdrehen den Käfer dorthin setzen, wo er war.

9
Die Himmelsrichtung

In der Wohnung lassen sich die Himmelsrichtungen leicht mit irgendwelchen Bezugspunkten verbinden. Z. B. die Fenster im Kinderzimmer zeigen nach Norden, der Ausgang zeigt nach Süden usw. Gegenüber diesen absoluten Angaben verändern sich rechts und links immer. Ein Gummiringerl über dem rechten Arm kann hier dem Kind zu eigenen Entdeckungen verhelfen.

10
Zahlenreihen

Drei oder vier Ziffern werden von einem Spieler vorgesagt und müssen vom Mitspieler nachgesagt werden, z. B. 2–5–2–1, 4–3–3–2. Usw.

11
Aufträge in der richtigen Reihenfolge ausführen

Einfache Aufträge müssen in der angesagten Reihenfolge ausgeführt werden – z. B. etwas holen und damit etwas tun oder Blumengießen in einer bestimmten Reihenfolge.

12
Pfadfinder

Die Kinder sollen sich vorstellen, daß jemand auf der Flucht Gegenstände fallen lassen hat. Bei einem Rundgang durch die Wohnung werden vor den Augen des Kindes einige Sachen „ausgelegt". Nun muß das Kind in der richtigen Reihenfolge die „Hinweis-Objekte" einsammeln.

13
Memory-Spiele

Alle im Handel erhältlichen Spiele eignen sich dazu. Die Merkanforderungen sollten aber zunächst nicht zu groß sein.

14
KIM-Spiele

Verschiedene kleine Gegenstände, etwa Radiergummi, Bleistiftspitzer, Haarnadel, Zwirnspule, Bleistift, Briefmarke usw. werden auf der Tischfläche verteilt. Ein Kind dreht sich um. Hinter seinem Rücken wird ein Gegenstand vom Tisch genommen und versteckt. Nach dem Wiederumdrehen muß das Kind sagen, welcher Gegenstand fehlt. Wenn es richtig geraten hat, kommt ein anderes Kind an die Reihe – z. B. jenes, das den vorherigen Gegenstand entfernt hat.

15
Detektiv

Eine Tageszeitung z. B. liefert hervorragendes Gedächtnismaterial. Die Zeitung wird langsam durchgeblättert, und der Spielleiter bestimmt ein Gesicht oder einen Gegenstand, der abgebildet ist, als verdächtig. Wenn die Zeitung durchgeblättert ist, wird sie vor das spielende Kind hingelegt. Dieses ist nun der Detektiv und muß den oder das Gesuchte finden.

16
Nachzeichnen

Ein Kind fertigt eine Zeichnung an, z. B. einen Kreis und zwei Punkte oder ein Viereck und Wellenlinien, also einfache Zeichnungen. Ein anderes Kind bekommt diese Zeichnung zu sehen, so lange, bis es sicher ist, sich die Zeichnung merken zu können. Dann wird die Originalzeichnung umgedreht und die „Kopie“ angefertigt. Beim anschließenden Vergleich werden mögliche Fehler erkannt.

17 Domino-Abzeichnen Statt einer Zeichnung kann ein Spieler dem anderen auch einen Dominostein zeigen. Der Mitspieler muß nun aus dem Gedächtnis diesen Stein nachzeichnen.

18 Musterzeichnen Ein Spieler bildet mit verschiedenfarbigen Bausteinen ein Muster, oder er zeichnet ein bestimmtes Muster auf. Der Mitspieler muß dieses aus dem Gedächtnis nachbauen oder nachzeichnen.

19 Formenfinden Ein Baustein wird als besonders gekennzeichnet und dann wieder unter die anderen gemischt und muß nun gefunden werden. (Auch Münzen, Briefmarken, Schrauben, Muttern, Nägel, Knöpfe, Spangen usw. eignen sich dafür.)

20 Auswendiglernen Kurze Reime oder Sprüche können ohne Drill eingeübt werden.

21 Geschichten nacherzählen Schwieriger als die obige Aufgabe oder zumindest anspruchsvoller: Eine gesehene oder gehörte bzw. gelesene Geschichte wird nacherzählt oder nachgespielt.

22 KIM-Übungen Wieder werden verschiedene Gegenstände ausgebreitet. Die Aufgabe besteht diesmal darin, mit geschlossenen Augen alles aufzuzählen, was man sich gemerkt hat.

23 „Was war heute los?“ Die Kinder erzählen, was sie erlebt haben. (Eventuell im Ton eines Nachrichtensprechers, der besondere Vorkommnisse schildert.)

24 Beim Arzt! Ein Spieler zeigt auf nebenstehende Abbildung und erzählt, daß das Mädchen zum Arzt kommt, weil ihm etwas weh tut. Z. B. tun ihm der Hals oder der Bauch oder die Zähne weh. Dann wird aufgezählt, was gesund ist. Zum Schluß muß der „Arzt“ sagen, was dem Mädchen weh getan hat.

25 Einkauf Eine andere Möglichkeit: Das abgebildete Mädchen geht einkaufen. Es will sich etwas kaufen. Man nennt irgendeinen Gegenstand. Dann schildert man alles, was sich das Mädchen in den Schaufenstern ansieht. Zum Schluß kommt die Frage: Was wollte es sich kaufen?

Allgemeine Hinweise

In den folgenden Spielen wird das Erkennen von Figuren, das Abheben der Figur vom Hintergrund, mit anderen Worten auch: das Erkennen des Wesentlichen geübt. Ferner finden sich Übungen, bei denen die Sprache als Steuerungsinstrument eingesetzt wird, sowie Reaktionsübungen und Nachahmungsspiele.

1 Schnur-Figur
Man braucht zwei Schnüre und zwei Blatt Papier. Eine Schnur wird auf ein Blatt gelegt und in eine bestimmte Figur gebracht. Der Mitspieler nimmt nun die andere Schnur und macht die Figur auf dem zweiten Blatt nach. Jeder kann auch für sich spielen, indem er eine Schnurfigur, die er auf ein Blatt gelegt hat, auf einem anderen Blatt abzeichnet.

2 Sortieren
Ein Paket Spielkarten soll sortiert werden – z. B. alle roten auf die eine Seite, alle schwarzen auf die andere, alle Personenkarten auf die eine Seite, alle Zahlkarten auf die andere. Etwas schwieriger wird die Sache bei einem Tierquartett: Alle Tiere, die fliegen können, auf die eine Seite, alle anderen auf die andere. Oder: Alle Haustiere, alle gefährlichen Tiere, alle zweibeinigen, alle vierbeinigen, alle ausländischen, alle heimischen Tiere sortieren.

3 Achtung, Sprechverbot!
Wenn der Mitspieler seine erhobene Hand öffnet, muß man sprechen; wenn er sie zur Faust schließt, muß man still sein. Andere Variante: Wenn der Mitspieler spricht, muß man in die Hocke gehen; wenn er nur so tut, als ob er spreche (nur die Lippen bewegt), muß man aufstehen. Bei jedem Fehler wird gewechselt.

4 Figur erkennen
Es werden die geometrischen Grundfiguren Kreis, Viereck, Dreieck und Gerade aufgezeichnet. Nun sollen im Zimmer die Entsprechungen gefunden werden.

5 Reporter
Auf kleine Kärtchen werden einfache Aufträge geschrieben. Man läßt eine Auftragskarte ziehen und liest den Text vor. Z. B.: „Geh zur Tür und öffne sie." Das Kind, das die Karte gezogen hat, muß nun den Auftrag ausführen, dabei aber wie ein Reporter jede Bewegung, die es macht, benennen. Z. B.: „Ich setze den linken Fuß vor, und nun den rechten, meine Arme schwingen mit, ich hebe den rechten Arm . . ." (Für den Anfang genügen auch grobe Beschreibungen wie: „Ich stehe auf, ich gehe hin, ich mache auf . . .")

Belohnungsbäume für das Konzentrationstraining

Nach jeder absolvierten Übung wird vom Kind ein Apfel angemalt. Jeder fertige Baum wird geerntet, d. h. Ihr Kind hat eine kleine Belohnung verdient.

6 Anmalen Es gibt recht billige, trotzdem jedoch anregende Malhefte, in denen Zeichnungen mit verschiedensten thematischen Bezügen angemalt werden können.

7 Ausschneiden Hier kann es sich um Vorlagen handeln, die man zu kaufen bekommt, oder um selber Gezeichnetes.

8 „Filmen und Fotografieren“ Eine Spielzeugkamera bzw. eine Schachtel, in die man Löcher zum Durchschauen gebohrt hat, dient als Kamera. Die Kinder schauen durch und sagen, was sie gerade filmen oder fotografieren. Als Fotos verwenden sie Zettel, auf die sie das Gesehene zeichnen.

9 Zahnstocher-Figuren Einfache geometrische Figuren, aber auch ein Haus, ein Tannenbaum usw., können mit Zahnstochern gelegt werden. (Die gezeichnete Vorlage soll anfangs nicht allzu schwer sein.)

10 Puzzle Alle Puzzles eignen sich dazu, sofern sie ein vertrautes Objekt darstellen – etwa ein Tier, einen Menschen oder einen Gegenstand.

11 Da stimmt doch etwas nicht!

12 Was fällt dir hier auf?

13 Da fehlt doch etwas!

14
Was fehlt hier?

15
Gibt es das?

16
Gibt es das?

17
Gibt es das?

18
Gibt es das?

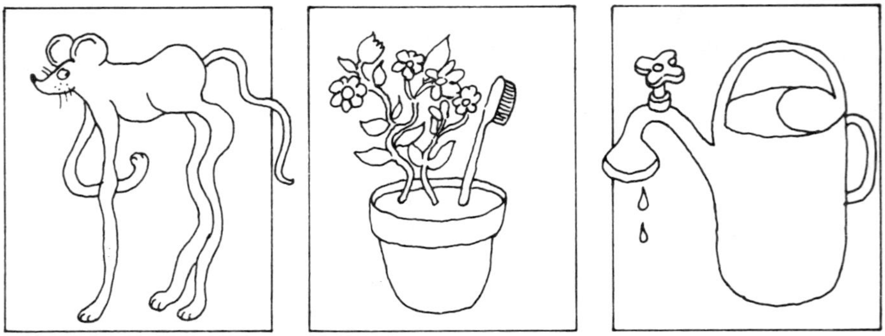

19
Korktafel-Figuren

Eine Korktafel wird auf den Tisch gelegt oder an die Wand gehängt. Mit kleinen farbigen Heftnägeln werden Figuren gesteckt.

20
Steckbretter

Vorlagen sollen so genau wie möglich nachgesteckt werden.

21
Darauf – Darunter

Die Begriffe Darauf – Darunter werden durch einfache Befehle eingeübt. Z. B.: „Leg das Buch auf den Tisch! Leg es unter das Tischtuch! Stell dich auf den Sessel! Kriech unter den Tisch!" Usw.

22
Die lustige Papiernase

Aus einem stärkeren Blatt Papier oder Karton wird eine Nase geschnitten und mit zwei Schnüren an die TV-Bildschirmfläche gebunden. Erscheint dann der Nachrichtensprecher, hat er eine lustige Nase.

23
Der lustige Bart

Aus Papier wird ein Vollbart ausgeschnitten und zu den verschiedenen Abbildungen von Gesichtern in Zeitungen oder Zeitschriften gehalten. (Man kann auch „Perücken" oder Kleidungsstücke ausschneiden.)

24
Da krabbelt ein Käfer!

Man schneidet einen selber gezeichneten Käfer aus und läßt ihn nun auf allen möglichen Sachen, die in der Zeitung oder Illustrierten abgebildet sind, „krabbeln".

25
Klebebilder

In Geschäften bekommt man Landschaftsbilder, auf die man kleine Tiere oder Figuren kleben kann.

Freitag: Soziales Lernen

Allgemeine Hinweise

Bei den ersten zehn Übungen geht es vorwiegend um die soziale Wahrnehmung bei anderen. Die Übungen 5, 6, 8, 9 und 10 geben interessante Einblicke in das soziale Erleben des Kindes. Übungseinheit 11 bis 17 behandelt vorwiegend die soziale Wahrnehmung bei sich selbst, das Erkennen eigener Gefühle, Stärken und Schwächen. Die Übungen 13 bis 16 lassen viel informatives Material über die soziale Entwicklung des Kindes zutage treten. In Übung 18 werden soziale Bezüge zu engeren Angehörigen sichtbar.
Frage bzw. Übung 19 bezieht sich auf die soziale Reife des Kindes, d. h. seine Fähigkeit, in bestimmten Situationen sozial richtig zu reagieren. Bei Übung 20 geht es um einen anderen Aspekt sozialen Handelns, um Kooperation.
Die Übungen 21 bis 24 beziehen sich auf die Notwendigkeit, sich allgemeinen Spielregeln, gewissen Ordnungen, zu unterwerfen, Einschränkungen zu ertragen.
Spiel 25 ist schließlich eine nicht bloß „spielerische", öfters durchzuführende Möglichkeit, Grunddimensionen des sozialen Verhaltens, nämlich Befehlen, Gehorchen, Loben, Tadeln usw., zu erleben. Besonderen Wert erhält hier das kooperative Element.
Bei allen Spielen ist zu beachten, daß schon kleine Schritte in der gewünschten Richtung als Erfolg zu bewerten sind. Anfängliche Widerstände oder Schüchternheit sind normal. Niemand sollte überrumpelt werden.

Belohnungsbäume für soziales Lernen

Nach jeder absolvierten Übung wird vom Kind ein Apfel angemalt. Jeder fertige Baum wird geerntet, d. h. Ihr Kind hat eine kleine Belohnung verdient.

Hier sind sechzehn verschiedene Gesichter abgebildet.

1 Welche Gesichter schauen einander ähnlich? Welche Gesichter schauen einander überhaupt nicht ähnlich?

2 Welche Gesichter schauen traurig (lustig, zornig, erstaunt, ruhig, freudig, nachdenklich, ängstlich . . .) aus?

3 Wie geht es einem, der so ein Gesicht macht? (Auf bestimmte Gesichter zeigen!)

4 Kannst du auch so ein Gesicht machen?

5 Warum macht dieser Mensch so ein trauriges (lustiges, zorniges, erstauntes, ruhiges, freudiges, nachdenkliches, ängstliches . . .) Gesicht? Erzähl mir, was da passiert sein kann!

6 Hast du auch schon einmal so ein Gesicht gemacht? (Auf ein bestimmtes Gesicht zeigen!) Warum hast du so ein Gesicht gemacht?

7 Beschreib mir, wie ein trauriger (lustiger, zorniger, erstaunter, ruhiger, freudiger, nachdenklicher, ängstlicher . . .) Mensch aussieht!

8 Mach eine Zeichnung, in der ein Mensch mit so einem traurigen (lustigen, zornigen, erstaunten, ruhigen, freudigen, nachdenklichen, ängstlichen . . .) Gesicht vorkommt.

9 Schlagen Sie nun bitte das Familienalbum auf. Stellen Sie ähnliche Fragen wie oben. (Auch ein Blick in die Zeitung oder in Kinderzeitschriften lohnt die Mühe.)

Hier sind weitere neunzehn Gesichter zum Üben abgebildet.

16

17

18

19

10

Zeichnen Sie eine Bildgeschichte! Z. B.: Jemand hat etwas verloren, ist zuerst traurig, dann verärgert. Schließlich findet er es und ist lustig. Lassen Sie Ihr Kind die Bildgeschichte zeichnen!

11
„Wie geht es mir?“

Abwechselnd macht jeder Mitspieler ein bestimmtes „Gesicht“. Die anderen müssen erraten, ob er traurig (lustig, zornig, erstaunt, ruhig, freudig, nachdenklich, ängstlich . . .) ist.

12
„Was mache ich gerade?“

Abwechselnd stellt jeder Mitspieler eine Tätigkeit dar. Diese kann einem Beruf oder einer Freizeitbeschäftigung entsprechen. Die übrigen müssen erraten, um welche Tätigkeit es sich handelt. (Als Kombination mit der vorigen Spielidee: Was mache ich gerade, und wie geht es mir dabei?)

13
„Was kann ich am besten? Was kann ich am schlechtesten?“

Jeder Mitspieler nennt seine „Stärken“ und „Schwächen“.

14
„Was mache ich am liebsten? Was mache ich am wenigsten gern?“

Jeder Mitspieler nennt seine Lieblingsbeschäftigung und die Tätigkeit, die er am wenigsten gern hat.

15
„Wann hast du zuletzt Angst gehabt? Wie war das? Was war da los?“

Jeder Mitspieler denkt kurz nach und berichtet dann.

16
„Wann hast du dich zuletzt geärgert?“

Vorgehen wie oben.

17
„Wann hast du dich zuletzt gekränkt?“

Jeder Mitspieler denkt kurz nach und berichtet dann.

18
„Hier sind verschiedene Geschenke aufgezeichnet. Du darfst je ein Geschenk an jemanden geben, den du gern hast!“

Jeder Mitspieler zählt auf, welche Geschenke er an welche Personen gibt, und wird gefragt: „Wieso glaubst du, daß du damit Freude bereitest?

19
„Was machst du, wenn . . .?“

Stellen Sie dem Kind bzw. den einzelnen Mitspielern Fragen aus dem kindlichen Alltag. Z. B.:
Was machst du, wenn dir ein anderes Kind etwas wegnimmt?
. . . du dich in der Nacht fürchtest?
. . . du etwas angestellt hast?
. . . du etwas nicht fertig bringst?
. . . du dich verirrt hast?
. . . dich jemand um den Weg fragt?
. . . dich ein Kind bittet, daß du ihm etwas schenken sollst?
. . . du keinen Freund (keine Freundin) hast?
. . . du etwas zerbrochen hast?
. . . du etwas verloren hast?
. . . es an der Wohnungstür läutet und die Eltern nicht zu Hause sind?

20
„Komm, wir zeichnen (bauen) miteinander!“

Je zwei Mitspieler tun sich zusammen und zeichnen oder bauen abwechselnd an ihrem gemeinsamen Werk.

21
Rot-Gelb-Grün!

Jeder Mitspieler sagt, was er verbieten würde = ROT. Außerdem sagt jeder, was er erlauben oder zumindest nicht verbieten würde = GELB. Schließlich, was jeder sich wünschen bzw. sogar verlangen würde = GRÜN. Z. B. ROT = Daß Leute einander weh tun. GELB = Laut sein zu bestimmten Tageszeiten. GRÜN = Daß man anderen ab und zu eine Freude macht.

22
Warteschlange

Auf dem Boden steht eine kleine Belohnung. Die Mitspieler stehen im Kreis darum etwa zehn bis zwanzig Schritte entfernt. Alle Mitspieler müssen gleich weit entfernt sein. Sie dürfen immer nur einen Fuß nach vorn setzen, wenn der Spielleiter in die Hände klatscht. Wer mehr Schritte oder größere macht, scheidet aus. Die „Sieger“ im Geduldspiel teilen sich den Schatz.

23
Straßenverkehr

Mit Zeitungen oder mit einer Schnur oder mit einem Kreidestrich wird am Boden eine Fahrtrichtung markiert. An bestimmten Stellen im „Straßenverlauf“ können Haltesignale eingebaut werden. Ein roter Würfel bedeutet z. B. eine Stopptafel. Ein anderer Mitspieler regelt den Verkehr. Man kann mehrere „Straßen“ legen und einfache Verkehrsregeln ausmachen, z. B. den Rechtsvorrang.

24
Gesellschaftsspiele

Alle Gesellschaftsspiele, bei denen man auch andere zum Zug kommen lassen und eventuell sogar eine Niederlage einstecken muß, eignen sich. In letzter Zeit gibt es auch viele Spiele, bei denen ein Verlieren nicht möglich ist. Hier kommt es besonders auf den Spaß an, den man miteinander hat.

25
Herr und Diener, Lob und Tadel

Ein Spiel Schnapskarten wird gemischt und mit dem Rücken nach oben in die Mitte gelegt. Der links vom Kartenmischer Sitzende hebt ab und legt die Karte offen auf den Tisch. Herz bedeutet: Ich muß jemand aus der Runde loben, jemand aus der Runde ein Kompliment machen. Treff bedeutet: Ich muß jemand aus der Runde tadeln, kritisieren. Karo bedeutet: Ich bin Herr und suche mir einen Diener aus den Mitspielern, der mir einen Auftrag erfüllen muß. Pik bedeutet: Ich bin Diener und suche mir einen Herrn aus den Mitspielern, dem ich einen Auftrag erfüllen muß. Personenkarten (gleich welcher Farbe) bedeuten: Ich suche einen Kameraden, mit dem ich jetzt etwas gemeinsam durchführe. Nach Durchführung von Loben oder Tadeln, Befehlen oder Gehorchen hebt der nächste Mitspieler ab. Es wird so lange im Kreis herum gespielt, bis eine gewisse Sättigung eintritt. Jeder legt die abgehobenen Karten vor sich hin. Dann vergleicht man, wie oft jeder Diener, Herr, Lobender, Kritiker war. Kritik und Lob sollen immer einen wahren Kern haben.

Betrachten Sie eine kleine Gruppe von vielleicht drei oder vier Kindern im Vorschulalter. Sie werden entdecken, daß Sie ganz verschiedene Persönlichkeiten vor sich haben.
Da ist Heinzi, der einen strahlend-sportlich-robusten Eindruck macht und dauernd in Bewegung ist. Auch Petra ist immer „auf der Achse", wirkt aber ein wenig nervös, unruhig, aggressiv. Dann wieder Karli: Am liebsten würde er in sein Schneckenhaus zurückkriechen. Man merkt ihm richtig an, wie sehr er Ruhe, Geborgenheit und Fürsichsein schätzt. Grete wieder hat einen recht „vorlauten Schnabel". Sie weiß, daß ihr alles Mögliche nachgesehen wird, wenn sie rechtzeitig durch eine altkluge Bemerkung die Erwachsenen zum Lachen bringt. Mit einem Wort, wir haben ganz verschiedene Persönlichkeiten vor uns.
Natürlich gehen derartige Persönlichkeitsunterschiede auch auf die Erbanlagen zurück – zu einem wesentlichen Teil jedoch werden die Umwelteinflüsse entscheidend für die Prägung des Charakters.

Ihr Kind – ein kleiner Gelehrter

Ein Kind von etwa sechs Jahren verfügt bereits über eine reiche Erfahrungswelt. Wissenschaftler haben festgestellt, daß das menschliche Gehirn alle Eindrücke speichert – wie eine HiFi-Anlage. Unser Vorschulkind hat meist schon über 20.000 (!) Stunden solcher „Band-" bzw. „Videoaufnahmen" gespeichert. Der Inhalt der Aufnahmen sind die Erfahrungen des Kindes, seine Experimente, seine Erlebnisse dabei, die elterlichen Ermahnungen; was man tun muß, damit man gemocht wird, am Leben bleibt usw.

Ihr Kind – eine kleine Persönlichkeit

Sicher hat erst das etwa zehnjährige Kind genaue Vorstellungen über moralische Regeln, sicher verfügt es auch erst dann über ein zunehmend realistisches Denken – aber auch das fünf- bis sechsjährige Kind hat schon eine strukturierte Persönlichkeit. Es zeigt teilweise das Verhalten des „Säuglings", klammert sich noch immer an die Mutter, den Vater, will zeigen, daß es lieb ist, daß es alles befolgt und beherzigt, was die Eltern als lebenswichtig ansehen. Teilweise ist das Kind aber auch ein echter Pionier, mit feurigem Forschergeist (und dementsprechend vielen Abschürfungen und sonstigen kleinen Wunden) und tausend Fragen, um die Welt aus den Angeln zu heben. Zugleich lernt Ihr Kind auch schneller als der beste Computer die komplizierte Zeichensprache im menschlichen Umgang. Es wird immer fähiger, zu abstrahieren.

Auch Ihr Kind hat bereits Lebensanschauungen

Ihr Kind hat schon die Erfahrung hinter sich, daß es nicht mehr im Paradies ist (ganz nahe mit der Mutter verbunden, wo alles noch ein sanftes, warmes, behagliches Wiegen ist und die ganze Welt noch rund und geborgen erscheint). Es hat auch schon die erste große Enttäuschung hinter sich: Aus der Nähe zur Mutter verdrängt, fühlt sich das Kind schwach, elend, nicht okay, zugleich findet es auch die Mutter nicht mehr okay.
Daraus resultieren dann die Mischbilder: In manchen Situationen fühlt sich Ihr Kind ganz

okay, und die anderen sind nicht okay. In anderen Situationen erkennen Sie, daß Ihr Kind sich selbst nicht mag oder sich schwächer, ärmer, häßlicher, dümmer als andere findet.

Ihr Kind – ein Stratege

Das Vorschulkind hat nicht nur einen persönlichen „Stil" (z. B. „Ich bin der Anführer" oder „Ich lasse mir nichts gefallen" oder „Geschieht mir recht!" oder „Die anderen müssen etwas für mich tun"), sondern auch ein Arsenal von Strategien, um seine persönlichen Ziele durchzusetzen. Jedes Kind weiß, wie es sich verhalten muß, um alle anderen auf sich aufmerksam zu machen. Jedes Kind hat auch sehr schnell die wunden Punkte der anderen erkannt, auf die es drückt, um Macht zu erlangen. Jedes Kind kennt auch Taktiken, mit denen es sich revanchiert. Und jedes Kind weiß auch von der Möglichkeit des „Urlaubskrankenscheins", d. h. sich krank, schwach, dumm oder sonstwie zu geben, um einer Pflicht, Aufgabe, Verantwortung auszuweichen.

Die Förderung der Lernmotivation beginnt jetzt!

Ja, sie sollte eigentlich schon viel früher beginnen – und nicht etwa durch Drill, sondern durch die Einhaltung folgender Empfehlungen:

1. Verlangen Sie nichts, wozu das Kind noch nicht reif ist. Manche Fertigkeiten brauchen als Grundlage einen bestimmten Zustand der Hirnreife – z. B. das Lesen oder überhaupt das differenziertere Einsetzen der Sinnesorgane. Die Entwicklung zu forcieren oder ihr vorauszueilen bringt nur Unmut und Entmutigung mit sich. Eine sinnvolle Förderung geht von Vorhandenem und Möglichem aus.
2. Achten Sie darauf, daß die Grundbedürfnisse des Kindes erfüllt sind. Bevor Sie auf Ihr Haus das Dach setzen, müssen die Fundamente und Mauern errichtet und gesichert sein:
   Ihr Kind hat
   a) körperliche Bedürfnisse (Nahrung, Schlaf, Luft, Licht)
   b) das Bedürfnis, nach Geborgenheit und Sicherheit in der Familie
   c) das Bedürfnis, von der Familie, aber auch von anderen anerkannt und geschätzt zu werden.
   Erst auf dieser Basis findet das Kind die Kraft und den Mut, seine geistige und seelische Selbstverwirklichung zu betreiben.
3. Konsequentes Belohnen oder Bestrafen ist wichtig, wenn Ihr Kind aus den Erfahrungen lernen soll. Wenn Eltern einmal amüsiert über etwas lachen, was sie ein andermal tadeln oder bestrafen, bekommt das Kind den Eindruck: Was auch immer ich mache, die Wirkung ist nicht absehbar, die Welt ist chaotisch.
4. Geben Sie dem Kind viele Anregungen und Möglichkeiten zum Experimentieren und Nachahmen.
5. Achten Sie auf Ihren Erziehungsstil! Tyrannen z. B. erzielen Rebellen oder Befehlsempfänger und Sklaven. Was Ihr Kind braucht, ist Ihre Anwesenheit, Ihr Verständnis, Ihre Konsequenz. Nichts ist falscher, als dem Kind keine Grenzen zu setzen: Diese falsche „Güte" bewirkt beim Kind oft grenzenlose Angst.

Kindergeschichten, liebe Eltern, sind nicht nur als Unterhaltung, sondern auch als hervorragendes

A Trainingsmaterial für intellektuelle Fähigkeiten

zu verwerten.
Wie geht man dabei vor?

- Schreiben Sie bitte die folgenden Fragen auf ein Kärtchen:

Was ist geschehen? *Wo? Wann? Warum?*

Mit diesen vier Fragen können Sie aus jeder Geschichte wertvolles Übungsmaterial gewinnen:

1 Auf die Frage **„Was ist geschehen?“** soll Ihr Kind versuchen, den Inhalt mündlich nachzuerzählen.
Bei der Nacherzählung sollten Sie auf folgendes achten: Wieviel hat sich das Kind gemerkt? Kann es den Ablauf einigermaßen richtig wiedergeben? Hat es erfaßt, was das Wichtigste an der Geschichte war, oder bleibt es eher an Nebensächlichkeiten hängen?
Anhand dieser Beobachtungen können Sie feststellen, wieweit Ihr Kind sich konzentrieren kann, was es im Gedächtnis behält, ob es den Sinn einer Geschichte schon richtig erfaßt usw.

2 Die Fragen **„Wo? Wann?“** präzisieren die Nacherzählung. Das Kind soll die wichtigsten Orte wiedergeben können, an denen die Handlung der Geschichte abgelaufen ist, und sich erinnern, zu welcher Jahreszeit, Tageszeit usw. die Geschichte sich abspielt.

3 Die Frage **„Warum?“** geht noch weiter in die Tiefe: Das Kind soll nicht nur Ablauf und zeitlichen Zusammenhang einer Geschichte richtig erfassen, sondern auch die Gründe und Ursachen, weshalb es zu bestimmten Handlungen, Ereignissen usw. gekommen ist.

Freilich ist das für viele Kinder im Vorschulalter eine nicht sehr leichte Aufgabe! Deshalb:

Wichtig Entmutigen Sie das Kind nicht durch zu hohe Anfangserwartungen und -forderungen, sondern loben Sie bitte jeden kleinen Fortschritt! Wichtigster Lern**faktor** ist Lern**freude**. Geschichten sind – wenn man sie nicht schulisch-nüchtern oder strafendstreng abprüft – ein herrliches Medium für das Lernen. Nicht der momentane Erfolg ist für das Training entscheidend, sondern die wiederholte Beschäftigung mit dem Übungsmaterial. Wenn Sie die Kinder immer wieder mit diesen vier Fragen konfrontieren, ergeben sich die Fortschritte „fast von selbst“.

Anweisung für ältere Geschwister

Machen Sie Ihren Kindern klar, wie wertvoll die vier genannten Fragen sind, und leiten Sie sie an, sich selbst die Fragen auf eine kleine Merkkarte oder ein Lesezeichen zu schreiben. Ihre Kinder erhalten damit eine einfach wirkende, jedoch recht wirksame Kontrolle darüber, wie intensiv sie zugehört oder gelesen haben.

Auch hier gilt, daß man mit Geduld die Motivation der Kinder erreicht und sie innerlich dafür gewinnt, nicht passiv irgend etwas zu lesen, zu hören, zu „konsumieren", sondern sich aktiv damit auseinanderzusetzen.

Anweisung für die Eltern selbst

Auch Sie selbst können durch die vier genannten Fragen Ihre Aufnahmefähigkeit, Konzentrationsfähigkeit usw. trainieren!

Ergänzende Fragemöglichkeiten

Durch folgende drei Zusatzfragen läßt sich das Training noch intensiver gestalten:

Wie? Wozu? Womit?

4 Mit der Frage **„Wie?"** fragen wir danach: Wie sind die Personen der Handlung miteinander umgegangen (freundlich, hart, gerecht ...)? Wie sind die Personen oder Objekte (groß, klein, dick, dünn, jung, alt ...)? Welche körperlichen und charakterlichen Eigenschaften haben sie?

5 Die Frage **„Wozu?"** soll Sie bzw. Ihr Kind auf die Absichten, Pläne und Ziele, die die einzelnen Handlungsträger der Geschichte verfolgt haben, aufmerksam machen. (Sie ist allerdings nur in seltenen Fällen anzuraten, weil sie für Kinder meist zu schwer ist.)

6 Die Frage **„Womit?"** richtet sich auf die Mittel, die die Personen der Geschichte für die Erreichung ihrer Ziele eingesetzt haben. (Die Mittel können sehr weit gestreut sein und von „Zaubersprüchen" bis zum Einsatz technischer Geräte reichen.)

Zusammenfassung des Trainings

Was tun wir?
Wir schreiben die Fragen: **Was ist geschehen? Wo? Wann? Warum?** sowie die Fragen: **Wie? Wozu? Womit?** auf eine Merkkarte.

Wo und **wann** können wir diese Karte verwenden?
Immer dann, wenn wir etwas lesen, anschauen, anhören.

Warum und **wozu?**
Diese Fragen setzen wir ein, um damit Aufmerksamkeit, Merkfähigkeit, Sinnerfassung zu trainieren. Ziel dabei ist aber darüber hinaus die aktive Auseinandersetzung mit Film, Fernsehen, Literatur usw. Wir wollen, daß unsere Kinder – sowie wir selbst – nicht passive Konsumenten von Unterhaltung werden, sondern sich mit Gehörtem und Gesehenem kritisch auseinandersetzen!
Wenn man die wesentlichen Momente einer Geschichte, eines Lesestücks, Films usw. erfaßt hat, kann man leichter beurteilen, was man davon hält.

Wie und **womit?**
Bei diesem Training sollten wir uns selbst, aber auch den Kindern gegenüber geduldig sein und nicht zu schnell entscheidende Fortschritte erwarten.
Als „Material" können wir einsetzen: TV-Kindersendungen, Kinderbücher, Cassetten.

B Wie man die Kreativität fördern kann

Die moderne Unterhaltungsindustrie liefert „Unterhaltungswaren" für jeden Geschmack und jedes Interesse: Krimis, Musik, Diskussionen, Informationen, Lebensgeschichten usw. Alles das wird „gebrauchsfertig" per Funk oder Draht oder Post ins Haus geliefert. Der Empfänger muß nicht mehr als: Konsumieren.

Gerade das ist einer der vielen Fallstricke der versachlichten, nüchternen, vertechnifizierten modernen Welt. Mit dem passiven Aufnehmen von Informationen oder Unterhaltungsstoffen verliert die Mehrzahl der Empfänger die kreative Phantasie und – als Folge davon – auch die Kritikfähigkeit. Wir haben uns vorhin mit der Schulung von Sinnerfassung, Aufmerksamkeit, Gedächtnis usw. auch zum Zweck der Kritikfähigkeit auseinandergesetzt. Nun wollen wir einen Schritt weitergehen, um nicht bloß bei der Kritikfähigkeit stehenzubleiben. Denn die Auseinandersetzung mit dem Vorgegebenen genügt nicht. Kritik ohne Phantasie bleibt destruktiv oder ernüchternd, ohne selbst initiativ zu werden. Wie können wir die Phantasie und Kreativität unserer Kinder fördern? Hier helfen uns wieder einige Fragen.

● Schreiben Sie bitte die folgenden Fragen auf ein Kärtchen:

Was kann man alles verändern?

Ablauf, Ort, Zeit, Eigenschaften von Sachen, Personen, Landschaften, Mittel . . .

1 Sagen Sie dem Kind, daß Sie mit ihm „Erfinden spielen" wollen. Sie können Ihr Kind ermutigen, indem Sie die Frage stellen: *„Hat dir die Geschichte so gefallen, wie sie ausgegangen ist? Oder wäre dir ein anderer Ausgang der Geschichte lieber gewesen?"*

2 Wenn Ihrem Kind die Geschichte sehr gut gefallen hat, könnten Sie auch fragen: *„Stell dir vor, die Geschichte wäre nicht so gut ausgegangen. Was hätte denn alles passieren können?"* (Selbstverständlich können Einfälle nur dann produziert werden, wenn eine entspannte und lockere Atmosphäre herrscht und jede Prüfungssituation vermieden wird. Das Kind soll mit Spaß am Phantasiespiel teilhaben.)

3 „Zum Beispiel könnte die Geschichte auch an einem anderen Ort spielen. Wo könnte die Geschichte noch passiert sein? *Stell dir einmal einen ganz komischen Ort vor!"*

4 *„Wie könnte man denn die Dinge verändern, die in der Geschichte vorgekommen sind?* Was könnte man alles mit ihnen machen? Stell dir vor, sie wären auf einmal ganz groß oder klein oder wertvoll oder billig!"

5 *„Was könnte man mit den Personen machen, die vorkommen?* Stell dir vor, sie wären ganz jung oder alt oder groß oder klein oder dick oder dünn oder klug oder dumm!"

Selbstverständlich stellen Sie alle diese Fragen so, daß dem Kind durch ausreichende Pausen die Möglichkeit gegeben wird, darauf mit eigenen Gedanken, Phantasien und Anregungen zu reagieren. In manchen Fällen – z. B. wenn das Kind sich noch etwas schwer tut mit dem Erfinden eines neuen Schlusses für eine Geschichte – können Sie auch so vorgehen: Lesen Sie die Geschichte nicht bis zum Ende vor, sondern lassen Sie den Schluß offen. Jetzt soll das Kind phantasieren, wie die Geschichte ausgeht. Gehen Sie dabei schrittweise und dosiert vor. Am Anfang lassen Sie nur zwei, drei Sätze der Geschichte weg, im weiteren Verlauf der verschiedenen „Trainingsstunden" können Sie immer mehr Sätze weglassen und das Kind weiterphantasieren lassen. Es wird dann mit Begeisterung und Spaß wissen wollen, wie die Geschichte tatsächlich ausgegangen ist. Wertvoll wird dieses Phantasietraining dann, wenn es sich im Alltag einsetzen läßt.

● Schreiben Sie bitte auf die Rückseite des Kärtchens:

Was könnte ich anders machen?

Mit dieser Frage regen Sie das Kind an, sich über seine Handlungen, Gewohnheiten und Lebensumstände Gedanken zu machen. Die Frage ist außerdem eine wertvolle Grundlage für jede Problemlösungsstrategie. Kinder und Erwachsene scheitern oft daran, nicht weil die Probleme so schwierig sind, sondern weil sie zuwenig Phantasie für Lösungen aufbringen.

Anweisung für ältere Geschwister und die Eltern selbst

Auch für Ihre größeren Kinder oder für Sie selbst gilt die Vorgangsweise, wie sie oben beschrieben wurde. Selbstverständlich wird man bei größeren Kindern weniger aktiv einspringen, sondern sie anregen, sich die Fragen „Was könnte man verändern? Was könnte ich anders machen?" immer wieder selbständig zu stellen.

Wie man das Kreativitätstraining weiter intensivieren kann

Das Kreativitätstraining ist besonders dann fruchtbar, wenn die innere Vorstellungskraft mit verwertet wird. Das gilt für die Kinder wie auch die Eltern selbst. Je plastischer und bildhafter man sich innerlich irgendeine Situation oder Person oder Handlung der Geschichte, die man gelesen oder gehört hat, vergegenwärtigt, umso leichter kann man die Phantasie einsetzen, um kreative Veränderungen durchzuführen.

6 Bitten Sie Ihre Kinder etwa folgendermaßen: *„Schließ einmal die Augen und versuch dir die Geschichte, soweit du sie jetzt gehört oder gelesen hast, vorzustellen, und achte darauf, was dann weiter passiert."* Je sinnenhafter und bildhafter die Vorstellung, desto wertvoller. Deshalb sollten alle Sinne angesprochen werden. Das kann dadurch geschehen, daß man eine wichtige Szene aus einer Geschichte oder eine wichtige Person oder Handlung zeichnen läßt.

7 Oder Sie sagen zu Ihrem Kind: „Laß einmal die Figuren der Handlung miteinander sprechen. Versuch, einmal die eine Person und dann die andere zu sein. Schauen wir einmal, was die Personen einander zu sagen haben."

C Wie man die Erlebnisfähigkeit intensivieren und soziale Wahrnehmung fördern kann

Das passive Konsumieren von Film, Fernsehen, Radio und Presse verleitet uns bzw. unsere Kinder nicht nur zu unkritischem Hinnehmen von Informationen oder Geschehnissen, nicht nur zu einer Einengung des Denkens auf das gerade Vorgegebene, sondern führt auch dazu, daß wir aufgrund der Überfülle der Reize, der Informationen, der sich überstürzenden Ereignisse nahezu gezwungen sind, innerlich abzuschalten. Wenn ein Kind etwa nach einer Kindersendung gleich die nächste anschaut, ohne das TV-Gerät abzuschalten, kann das, was in ihm, während es den Film gesehen hat, innerlich mitgeklungen ist, nicht mehr ausschwingen. Dies führt auf die Dauer zu Erlebnis**verflachung**. Weil man sich keine Zeit nimmt, Gesehenes und Gehörtes innerlich mitzuvollziehen und dabei auf seine eigenen Gefühle zu achten, verlernt man bald überhaupt, sich gefühlsmäßig an irgendeinem Geschehen zu beteiligen. Die Folge davon ist, daß immer mehr Unterhaltung in immer größerer Intensität benötigt wird, damit man überhaupt noch etwas verspürt. So müssen Handlungen in Filmen immer härter, „realistischer", aggressiver werden – teilweise wird schon damit geworben, daß Filme Alpträume verursachen. In den Diskotheken wiederum wird die Musik auf eine Lautstärke gedreht, die auf Dauer zu Gehörschäden führen kann. Durch das flackernde Licht mancher Tanzlokale kommt es zusätzlich zu einer Überforderung und Überreizung der Sehorgane.

Das Falsche an dieser Manipulation der Außenwelt liegt darin, daß immer stärkere, immer intensivere Reize gesucht werden, anstatt bei sich selbst anzusetzen und den eigenen Panzer aufzubrechen, an dem die Umweltreize abprallen. Wir müssen wieder erlebnisfähiger werden! Es ist erschütternd, wenn Jugendliche von einer Reise, die sich ihre Eltern nie hätten leisten können, gelangweilt zurückkehren, vor der Suche nach immer stimulierenderen Landschaften oder Urlaubsorten resignierend.

Ein Arzt hat einmal ganz richtig festgestellt: Wie wir die Welt erleben – ob sie uns grau und leer oder ob sie uns farbig und anregend vorkommt – hängt von uns selbst ab. Wer sich nicht über kleinste Begebenheiten freuen kann oder sich einem Musikstück nicht genießend aufschließen kann, dem hilft auch ein noch so großartiger Urlaub, eine noch so erschöpfende Sightseeing-Tour nicht.

Wie können wir die Erlebnisfähigkeit unserer Kinder und uns selbst schulen und fördern? Der sicherlich beste Weg ist die Begegnung mit anderen Menschen, die offene und ehrliche Auseinandersetzung mit uns und anderen, die Beobachtung unserer Gefühle und ein gewisses Engagement. Für manche ist bis dahin allerdings ein großer Schritt zu bewältigen, und es stehen ja auch nicht immer Gelegenheiten zur Verfügung, in denen man sich offen und unverhüllt einbringen kann. Wir müssen daher anfangen, intensiver auf kleinste Reize zu reagieren und sie innerlich mitzuvollziehen. Geschichten sind ein herrliches Medium dafür.

Wenn Sie Ihrem Kind eine Geschichte vorgelesen haben, dann lassen Sie die Geschichte etwas ausklingen. Bombardieren Sie es nicht gleich mit Fragen, sondern lassen Sie das, was die Geschichte in Ihrem Kind ausgelöst hat, ausschwingen.

1 Fragen Sie es dann: *„Wie geht es dir? Was hast du denn jetzt für ein Gefühl?"* Möglicherweise wird das Kind am Anfang noch etwas erstaunt und verlegen darauf reagieren, weil die Frage nach seinen Gefühlen eine eher ungewohnte ist. Helfen Sie ihm dann dabei, indem Sie selbst beginnen, darüber zu sprechen, wie Sie sich fühlen. Drängen Sie aber Ihrem Kind nicht Ihre eigenen Gefühle auf. Denn das ist ja gerade das Wertvolle, wenn das Kind entdeckt, daß es zu seinen eigenen Gefühlen stehen kann.

2 Fragen Sie dann behutsam nach: *„Wenn du in dieser Geschichte vorkommen könntest, wer möchtest du am liebsten sein?"* Ein Weg zur Vertiefung des Gefühlserlebnisses ist nämlich die Identifikation mit einer Person aus dem Handlungsgeschehen. Dabei kann es für

Sie als Eltern recht wertvoll sein, festzustellen, mit wem sich Ihr Kind identifiziert: Mit der Hauptfigur oder mit einer Nebenfigur, mit einem glücklichen oder unglücklichen Handlungsträger, mit einem geschickten oder ungeschickten usw.

3 Fragen Sie dann das Kind: *„Wenn du diese Person wärst, wie würdest du dich dann fühlen?“* Ab und zu können Sie auch die Frage einbauen: „Was gefällt dir denn so an dieser Person?“ Hingegen fängt das Kind mit der Frage, warum es sich für diese oder jene Person entschieden hat, oft wenig an oder flüchtet in Pseudoerklärungen.

4 Recht interessant ist auch die Frage: *„Wer möchtest du auf gar keinen Fall sein?“* Dadurch können die Eltern wertvolle Rückschlüsse auf das Selbstbild des Kindes ziehen.

5 Weitere wertvolle Fragen sind: *„Wer in der Geschichte hat es am besten? Wer hat es am schlechtesten?“* Das Kind soll nämlich auch lernen, sich in andere Personen, die ihm etwas fremder sind, hineinzuversetzen.

6 Fragen Sie Ihr Kind dann auch: *„Was hat dir an dieser Geschichte Freude gemacht? Was hat dir Angst gemacht? Worüber warst du traurig oder enttäuscht? Was hat dich daran geärgert?“* Jede dieser Fragen sollten Sie für sich getrennt stellen und soviel Zeit lassen, daß das Kind sich echt damit auseinandersetzen und seine Gefühle spüren kann.

Wenn Ihr Kind auf diese Art und Weise lernt, sich mit Gehörtem oder Gelesenem oder Miterlebtem intensiv auseinanderzusetzen, wird sich die Frage übermäßigen Fernsehkonsums z. B. kaum stellen. Eltern versuchen oft zu debattieren, wie viele Stunden Fernsehen für ein bestimmtes Kind in einem bestimmten Alter angemessen sind. Dabei müßte die Frage lauten: „Wieviel kann ich innerlich in kurzer Zeit verarbeiten? Wo schwingen noch meine Gefühle mit?“ Viele Sendungen machen den Kindern überdies Angst. Wenn diese Angst nicht irgendeinmal ausgedrückt und damit verarbeitet werden kann, wird sie zu innerem Ballast und drückt nicht nur bildlich auf die Seele des jungen Menschen.

Anweisung für die älteren Geschwister und für die Eltern selbst

Alle oben gestellten Fragen haben auch für ältere Kinder oder für die Erwachsenen selbst Sinn. Sie führen zu einer Art „Innenwelthygiene“, die mindestens ebenso wichtig ist wie die Umwelthygiene. Wer sich nämlich zuviel Reizen aussetzt, ohne sie verarbeiten zu können, betreibt Raubbau an seiner eigenen Natur.
Besonders wichtig ist die Übertragung dieses Trainings auf den Alltag. Die Erfahrungen, die wir anhand von Geschichten machen, sollten überleiten zu Erfahrungen, die wir im Alltag verwerten können. So ist es sicher für jeden wertvoll, sich irgendwann in einer stillen Minute zu fragen: „Wie geht es mir jetzt? Welche Gefühle spüre ich? Wie ist es mir vorher ergangen? Was hat mir Freude, Angst, Kummer oder Ärger bereitet?“

Wir stehen am Anfang einer Entwicklung!

So sollte es nicht sein!

Eltern von Vorschulkindern:
Sie haben Glück, vor Ihnen liegen noch alle Möglichkeiten zur bewußten und entwicklungsgerechten Förderung:

- **Bewegungstraining**
- **Sinnestraining**
- **Konzentrationstraining**
- **Gedächtnistraining**
- **Soziales Training**
- **Training der Erlebnisfähigkeit**
- **Training des bewußteren Medienkonsums (TV, Hörfunk usw.)**
- **Verständnisvolles Eingehen auf die Persönlichkeit Ihres Kindes**
- **Inanspruchnahme von ärztlicher und psychologischer Hilfe bei körperlichen oder seelischen Problemen**
- **Beseitigung von Teilleistungsschwächen**

Brigitte Sindelar

Verhindern von Teilleistungsschwächen

Lernen ist ein Kinderspiel

Wenn wir das Wort „lernen" hören, denken wir meistens zuerst an Schule. Doch zu lernen beginnt der Mensch spätestens, wenn er geboren ist. Was muß er da nicht alles lernen! Fühlen, Bewegen, Schauen, Hören – aber das ist noch lange nicht alles. Bald lernt das Kind, daß die Dinge, die es sieht, und die Geräusche, die es hört, etwas miteinander zu tun haben können: so etwa, daß das Läuten zum Glöckchen gehört oder diese Stimme zur Mutter und vieles andere mehr. Es lernt aber auch, Fühlen und Bewegen mit Sehen und Hören zu verbinden: So schaut der Teddy aus, und so fühlt er sich an – also Teddy und wollig-weich gehören zusammen. Oder: Auf-die-Puppe-Drücken und Quietschen-Hören gehören zusammen.

Alle diese Erlebnisse und Erfahrungen fließen in den Erfahrungsschatz des Kindes ein. Gleichzeitig ist es ständig auf Neues aus. So lernt es bald, daß seine Umwelt noch etwas ganz Aufregendes zu bieten hat, nämlich die Beziehung zwischen „Wenn" und „Dann": Wenn ich laut schreie, kommt jemand, oder, etwas komplizierter: Wenn ich unter dem Tisch aufstehe, schlage ich mir den Kopf an, oder, noch schwieriger: Wenn ich auf dem Bettchen weiterlaufe, falle ich hinunter, und wenn ich hinunterfalle, tu ich mir weh.

Diese Beziehung zwischen „Wenn" und „Dann" hat etwas für das Kind Faszinierendes an sich, das es weiter erforscht, um dann schon recht schwierige Ketten aus „Wenn" und „Dann" zu erkennen und auch selber auszuprobieren: Wenn ich den Ball unter den Kasten schubse, ist er weg, aber wenn ich den Ball unter die Decke lege, die Decke dann wieder aufhebe, ist er wieder da.

So lernt das Kind vieles, lernt aber gleichzeitig auch, daß alle die Erfahrungen, die es macht, nur der Anfang vieler Wunder sind und daß auf jedes durchschaute Wunder ein nächstes zu durchschauendes Wunder folgt, bis es dann, viel später, sozusagen schon sehr „erfahren", in der Schule auf die Wunder Lesen, Schreiben und Rechnen stößt.

Niemals mehr in unserem Leben lernen wir in so kurzer Zeit so vieles wie von unserer Geburt an bis zur Schulzeit. Im Vergleich zu dem, was wir in diesen ersten Jahren unseres Lebens lernen, ist alles Weitere, auch Lesen, Schreiben und Rechnen oder später unser Beruf, weit weniger als dieses „Kinderspiel". Und weil dieses erste Lernen die Grundlage für alles weitere Lernen ist, sind diese Jahre so wesentlich.

Denken und Lernen – die Entwicklung ist wie ein Baum

Die Entwicklung des Denkens und Lernens läßt sich mit einem Baum vergleichen, wobei Wurzeln und Stamm die grundlegenden Fähigkeiten bilden.

Voraussetzung für alles Denken und Lernen ist die aufmerksame Bereitschaft, Eindrücke aufzunehmen. Um vorstellbar zu machen, was damit gemeint ist, möchte ich ein Beispiel aus der Tierwelt heranziehen: Stellen Sie sich einen Wachhund vor, der ein Haus bewacht. Er spitzt die Ohren und hebt den Kopf. Er ist wach und bereit, jedes Geräusch aufzunehmen. Er horcht, ob er etwas hören kann – er ist aufmerksam. (Das Gegenteil dieses

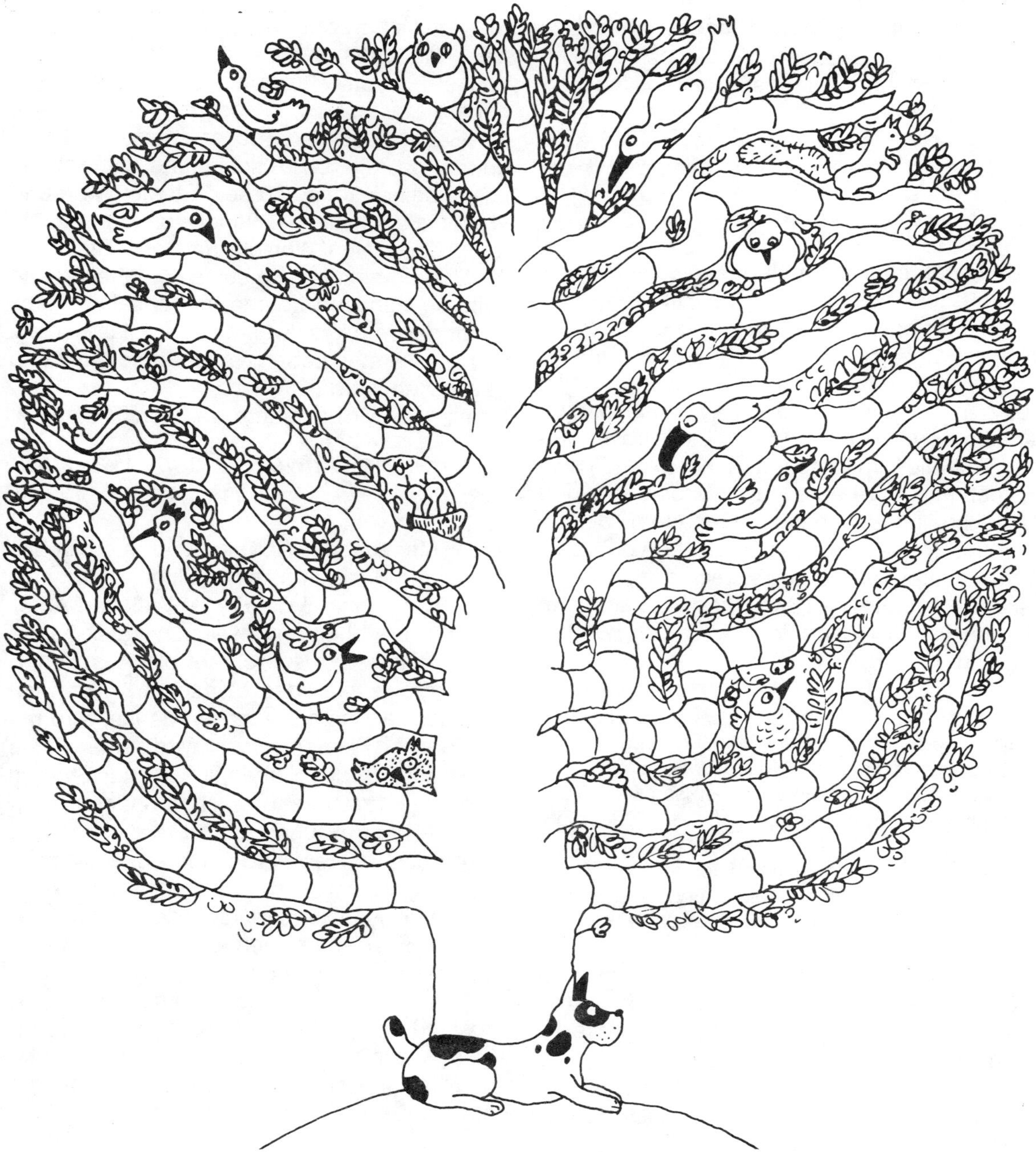

Zustandes ist bei einer dösenden Katze zu beobachten.) Diese „Wachheit“ möchte ich an die Wurzeln des Baumes „Denken und Lernen“ setzen.

Ein Wort an den Fachmann: Dem Begriff der „Wachheit“ entspräche in physiologischer Terminologie der Begriff des „arousal“.

Nun folgen im Stamm all die Fähigkeiten und Fertigkeiten, aus denen dann die Äste und Zweige emporstreben können. Dazu gehören all die Dinge, die das Baby in seinem ersten Erfahrungsschatz erworben hat (siehe Kapitel „Lernen ist ein Kinderspiel“). Aus diesen Anfängen entwickeln sich im Laufe recht kurzer Zeit die grundlegenden Fähigkeiten wie Aufnehmen, Verarbeiten, Verbinden und Behalten von Gesehenem, Gehörtem, Gefühltem und Bewegung, das Erkennen von oben, unten, hinten, vorne, links, rechts, von nacheinander, das Planen von Handlungsabfolgen und im weiteren dann der Erwerb von Symbolen und Worten.

Ein Wort an den Fachmann: Diese Darstellung stellt im wesentlichen eine Simplifizierung der kognitiv-psychologischen Modellvorstellungen der kognitiven Grundprozesse Aufmerksamkeit, Wahrnehmung und Speicherung und des Modells zur Entwicklung der Wahrnehmung von F. Affolter (1976) mit den modalen und intermodalen Wahrnehmungsstufen, der Serialität und Antizipation und im weiteren der Signalsysteme dar.

Nun hat aber jeder Baum auch eine Krone. In dieser Krone sind die schon recht komplexen Fähigkeiten wie Sprache und, im weiteren Sinn, Lesen, Schreiben, Rechnen anzusiedeln. Noch später, wenn aus dem Bäumchen ein Baum geworden ist und sich die Äste immer mehr verzweigt haben, wird die Krone immer reicher. Dann kommen höhere Fähigkeiten – z. B. das Erlernen einer Fremdsprache, das Wissen um die Funktionsweise eines Autos, höhere Mathematik, Philosophie – hinzu. Wie ein Baum aussieht – ob er harmonisch und gerade dasteht, ob er schief und verwachsen ist, ob seine Krone und sein Stamm Wind und Wetter standhalten –, hängt von der Ausbildung der ersten Wurzeln und des Stammes ab. Und ob ein Mensch seine Fähigkeiten und sein Denken und Lernen voll entfalten kann, hängt davon ab, wieweit die Grundlagen dazu in seinen ersten Lebensjahren ermöglicht und geschaffen wurden.
Damit sind wir bei einem weiteren Thema:

Anlage und Umwelt – Baum, Wald und Gärtner

Jeder Mensch, der sich auch nur ein bißchen mit dem Menschen beschäftigt, stellt sich irgendwann einmal die Frage: Welchen Anteil hat die Vererbung, und welchen Anteil haben die Einflüsse der Umwelt auf die Ausbildung der Persönlichkeit des Menschen? Wenn ich wiederum an mein Bäumchen denke, wird mir die Antwort klarer: Zwar wird eine Eiche immer eine Eiche bleiben, in welcher Erde, in welchem Klima, neben welchen anderen Bäumen sie auch wächst, doch Erde, Klima und die Art des Waldes werden die Ausgestaltung und das Wachstum des Bäumchens wesentlich beeinflussen. Auch unter allen Eichen dieser Welt werde ich niemals zwei finden, die einander vollkommen gleichen, selbst wenn sie vom selben Baum abstammen. Noch ein Umstand wird sofort klar: Steht der Baum in einem Garten, so hat der Gärtner wesentlichen Einfluß darauf, wie sich das Bäumchen entwickelt.

Teilleistungen und Teilleistungsschwächen – das harmonisch und das unharmonisch entwickelte Bäumchen

Nun gibt es aber nicht nur harmonisch-ausgewogen entwickelte Bäumchen, sondern auch solche, die nicht ganz gerade dastehen und deren Krone ungleich gewachsen ist. Wenn ich bei einem solchen Bäumchen die Krone genauer betrachte, werde ich bemerken, daß die ungleich gewachsenen Hauptäste dafür verantwortlich sind, daß das Gesamtbild der Krone nicht so ist, wie es sein sollte. Und wenn ich noch genauer hinsehe, wird mir auffallen, daß schon dort, wo die Äste dem Stamm entspringen, das Wachstum des Bäumchens nicht so ganz ausgewogen ist.

Und genauso ist es beim Kind: Hat es Probleme beim Lesen, Schreiben und Rechnen, kann ich die Ursachen schon dort finden, wo die Grundlagen dieser Fähigkeiten anzusiedeln sind. Und dort muß ich sie auch suchen, wenn ich dem Kind helfen will. So wie der gute Gärtner nicht erst an der Krone des unharmonisch entwickelten Bäumchens herumstutzen, sondern sein Augenmerk schon auf die Entwicklung des Stammes und der Äste legen wird, so ist es natürlich auch beim Kind am sinnvollsten, schon auf eine ausgeglichene und optimale Entwicklung der Grundfähigkeiten zu achten. Sollte es aber bereits zu Lern- und Verhaltensschwierigkeiten gekommen sein, so kann ich nur dann wirklich helfen, wenn ich diesen nachgehe, die Grundlagen dafür herausfinde und dort meine Hilfestellung biete. Wie sehen diese Hauptäste des Baumes „Denken und Lernen" aus? Was sind diese Teilleistungen, die das Gesamtsystem der kognitiven Fähigkeiten ausmachen? Dazu sei ein an anderer Stelle ausführlich dargestelltes Modell hier nur soweit umrissen, als es für das Anliegen dieses Buches, nämlich der Frühförderung, notwendig ist. Die Grundlagen dafür bieten die kognitive Psychologie und die Entwicklungspsychologie.

Voraussetzung dafür, daß ich von dem Anregungsangebot, das auf mich eintrifft, Gebrauch machen kann, ist die Fähigkeit, von all den Geräuschen, Lauten, Bildern, die gleichzeitig auf mich eintreffen, das herauszufiltern, was gerade wichtig ist, also sozusagen den Brennpunkt der „Kamera" Gehirn scharf einzustellen. Dazu ein Beispiel: Während Sie diese Zeilen lesen, sind sicherlich gleichzeitig Geräusche – etwa Straßenlärm oder das Radio oder die Stimmen sich unterhaltender Personen – zu hören und sicherlich gleichzeitig auch andere Dinge als die Zeilen, die Sie lesen – etwa die Unterlage, auf der das Buch liegt, die Einrichtungsgegenstände oder andere Personen –, zu sehen. Die oben beschriebene Fähigkeit, das gerade Wichtige aus dem Gesamten herauszufiltern, macht es Ihnen möglich, alles andere als das Buch wegzuschalten und sich auf die Zeilen, die Sie gerade lesen, zu konzentrieren. Diese Fähigkeit ist die Voraussetzung dafür, daß Sie den Inhalt des Geschriebenen aufnehmen können. Wenn wir dieses Beispiel nun auf die Schule übertragen: Auch das Schulkind muß, während es in der Unterrichtsstunde sitzt, alle anderen Geräusche – etwa den Lärm vor der Klassentür, plaudernde Klassenkameraden usw. – wegschalten, um der Stimme der Lehrerin folgen zu können und nur auf sie zu achten. Nur wenn ihm das gelingt, kann das Kind die Information, die ihm geboten wird, richtig aufnehmen, verarbeiten und behalten.

Ein Wort an den Fachmann: Die Figur-Grund-Differenzierung bzw. die Fokussierung der Aufmerksamkeit, die hier beschrieben werden soll, bildet die Grundlage der höheren kognitiven Funktionen.

Und damit sind wir beim nächsten Hauptast unseres Baumes „Denken und Lernen" angelangt: Die Fähigkeit, Dinge, die einander ähnlich, aber nicht gleich sind, als ungleich zu erkennen oder ein komplexes Bild bzw. eine komplexe Lautgestalt in die Einzelteile zu zerlegen, muß ausreichend entwickelt sein, damit wir Wahrnehmungen weiterverarbeiten und verwenden können.

Ein Wort an den Fachmann: Hiermit seien die optische und akustische Differenzierung und Gliederung als Funktionen der Wahrnehmung beschrieben.

Ein weiterer Hauptast ist die Fähigkeit, Inhalte aus einem Sinnesgebiet mit Inhalten aus einem anderen Sinnesgebiet zu verbinden. Ein einfaches Beispiel dafür ist das Benennen von Dingen: dazu müssen wir das Bild, das wir sehen, mit dem Wort, das wir hören, verbinden und uns diese Verbindung merken. Später ist diese Fähigkeit notwendig, um Buchstaben zu erlernen, wozu wir ja auch die Gestalt des Buchstaben, die wir sehen, mit dem Klang des Lautes, der zu diesem Buchstaben gehört, verbinden müssen.

Ein Wort an den Fachmann: Damit ist die Funktion der intermodalen Kodierung gemeint.

Wenn alle bereits genannten Grundlagen des Denkens und Lernens funktionieren, kommt noch eine wesentliche Teilleistung dazu, ohne die alles andere umsonst wäre: wir müssen uns das Wahrgenommene und Verbundene merken, also unser Gedächtnis einsetzen. Hierbei lassen sich natürlich verschiedene Arten von Merken unterscheiden: Merken von Gesehenem, Gehörtem, langfristiges und kurzfristiges Merken.

Ein Wort an den Fachmann: Eine nähere Ausführung über optische und akustische und intermodale Kurz- und Langzeitspeicherung scheint für das Anliegen des vorliegenden Buches nicht notwendig.

Eine weitere wichtige Grundvoraussetzung für alles Lernen ergibt sich aus der Tatsache, daß unser Leben einen zeitlichen Ablauf hat. Eine Serie von Einzelerlebnissen findet in einer Reihenfolge statt. Nur wenn es uns gelingt, diese Reihenfolge richtig wahrzunehmen und zu behalten, ist es uns möglich, vorauszuplanen und Handlungen zu koordinieren. So muß sich auch das Schulkind beim Erlernen des Schreibens die richtige Reihenfolge der Buchstaben merken, um ein Wort richtig zu Papier zu bringen oder die Reihenfolge der Zahlen, um richtig rechnen zu können.

Ein Wort an den Fachmann: Damit ist die Funktion der Serialität gemeint, auf dieser aufbauend dann die Antizipationsfähigkeit.

Nicht zu vergessen ist einer der Hauptäste unseres Baumes „Denken und Lernen“, nämlich die Motorik, die Bewegung, die schon in einem sehr frühen Lebensalter beim Begreifen und Betasten unser erster Lehrmeister ist. Damit lernen wir auch die Fähigkeit, uns an unserem Körper zu orientieren, im weiteren dessen Orientierung im Raum oder dann später überhaupt die räumliche Beziehung von Dingen zueinander zu erfassen und damit umzugehen.

Ein Wort an den Fachmann: Damit sei die Entwicklung des Körperschemas und der Raumorientierung angesprochen.

Was bedeutet nun also der Begriff „Teilleistungen“?
Wir definieren Teilleistungen als die grundlegenden Fähigkeiten, die notwendig sind, um höhere psychische Funktionen, wie z. B. Sprache und Denken, aufzubauen und auszudifferenzieren. In der weiteren Entwicklung sind dies auch die Grundlagen, auf denen später das Lesen, Schreiben und Rechnen, aber auch das der Situation angepaßte Verhalten basieren.
Damit folgen wir den neueren Entwicklungen auf dem Gebiet der Erforschung der Teilleistungsschwächen.
Teilleistungsschwächen sind also Schwächen in einer dieser Grundfunktionen, die dann Lern- und Verhaltensstörungen zur Folge haben können. Wenn ich Sie wieder an das Bäumchen erinnern darf, so sind Teilleistungsschwächen in diesem Bild Mangel- oder Fehlentwicklungen in einem oder auch mehreren Hauptästen, die dann selbstverständlich die Krone mangelhaft oder fehlentwickelt erscheinen lassen.
Der gute Gärtner wird demnach schon von vornherein darauf achten, daß sich das Bäumchen harmonisch und ausgewogen entwickelt, und Wachstumsstörungen zu verhindern suchen. Zweck der Vorschulerziehung und Frühförderung muß daher sein, die Voraussetzungen, die für das schulische Lernen notwendig sind, zu stärken und zu stützen, jedoch nicht, die Schulerziehung vorwegzunehmen. Denn wenn es gelingt, Teilleistungsschwächen zu erkennen, noch bevor sie sich in Lern- und Verhaltensschwierigkeiten äußern, ist damit die größte Chance gegeben, eine harmonische und ungestörte Weiterentwicklung zu gewährleisten und allen Beteiligten, vor allem aber dem Kind, Kummer zu ersparen.

Fallbeispiele

Um das vorher in der Theorie Dargestellte zu veranschaulichen, habe ich die Geschichten einiger Kinder, die mir vorgestellt wurden, ausgewählt.
Die ersten drei Kinder, von denen ich erzählen möchte, sind Kinder, die bereits wegen Lern- und Verhaltensschwierigkeiten Sorgen bereiteten und hatten. Danach werde ich die Geschichte von zwei Kindern erzählen, bei denen durch frühzeitiges Erkennen und Eingreifen Lern- und Verhaltensschwierigkeiten verhindert werden konnten.

GEORG
Georg ist sieben Jahre alt. Seit drei Monaten besucht er wiederum die erste Klasse der Volksschule, nachdem er im letzten Schuljahr zu Weihnachten vom Schulbesuch zurückgestellt worden war. Georg ist laut Intelligenztest

überdurchschnittlich begabt. Trotzdem gelingt es ihm nicht, Lesen und Schreiben so zu erlernen, wie es zu erwarten wäre. Daher steht Georg seit einem Monat in Legasthenikerbetreuung. Georg arbeitet eifrig und auch mit Ehrgeiz mit dem Material zur Legastheniebehandlung. Nach dem ersten Monat ereignet sich in der Übungsstunde folgendes: Vor ihm liegen, oft gesehen, aber deswegen nicht wohlbekannt, aus dem Setzkasten die Buchstabenkärtchen M O. Georg soll lesen, was vor ihm liegt. Er strahlt: „Das heißt ER!" Die Verwunderung im Gesicht des Betreuers macht ihn stutzig. Daher korrigiert er mit siegessicherem Ausdruck: „Nein, das heißt ja gar nicht ER. Denn ER schreibt man so!" – Dabei greift er nach einem P und nach einem A.

EVA

Eva ist neun Jahre alt und besucht mit mäßigem Erfolg die dritte Klasse Volksschule. Sie ist wegen Lern- und Verhaltensschwierigkeiten zur testpsychologischen Untersuchung angemeldet.

Zehn Minuten vor dem vereinbarten Termin fliegt die Tür viel zu heftig auf. Herein stürmt Eva, hinter ihr kommen, verlegen-entschuldigend lächelnd, die Eltern, denen Eva offenbar entwischt ist. Auf ihrem Weg von der Tür zum Schreibtisch wirft Eva einen Kindersessel um. Mit unglücklicher Miene ruft sie: „Entschuldigung, grüß Gott!" und wischt dabei mit der Hand ein Spiel vom Regal. Endlich beim Schreibtisch angelangt, plumpst sie auf den Sessel, bemerkt, daß er sich drehen kann, und schlägt sich beim Drehversuch das Knie an der Wand an. Dann erzählt sie sprudelnd-ungeordnet den Grund ihres Hierseins. Es ist eine Geschichte, die in der Mitte beginnt und mit dem Anfang endet. Auch Eva ist ein gut begabtes Kind.

SISSI

Sissi ist ein quecksilbriges, an allem interessiertes achtjähriges Mädchen, angemeldet wegen Verhaltensstörungen, die sie zum nahezu unerträglichen Problemkind ihrer an sich verständnisvollen und toleranten Klassenlehrerin machen. Sissi betritt das Konsultationszimmer, blickt forschend in das Gesicht des Untersuchers und fragt, ob die Lampe funktioniert. Dann läuft sie zum Spieleregal, zieht jedes einzelne Spiel heraus und begleitet ihr Tun wortreich. Auf meine Bitte, die Puppe vom Regal zu nehmen, steht sie lange ratlos davor und bringt endlich die Puppe mitsamt der kleinen Decke, auf der diese liegt. Während des Gesprächs des Untersuchers mit der Mutter versucht sie, den Raum zu „erfahren", läuft zu jedem Möbel, kriecht möglichst hinein und nimmt so unsystematisch den Raum auseinander. Die Mutter ruft sie immer wieder, offenbar in dem Wunsch, ihrem bunten Treiben Einhalt zu gebieten, anfangs mit verlegenem, dann mit besorgtem, dann mit zornigem, dann mit resigniertem Gesicht. Sissi dreht sich beim dritten Anruf her und antwortet strahlend: „Ja, Mami!" Erst als die Mutter Sissis Namen laut und drohend ruft, unterbricht Sissi ihr Treiben und kommt fragend-zerknirscht zur Mutter, um sich an sie zu klammern.

Ursachen für Georgs, Evas und Sissis Schwierigkeiten

So unterschiedlich die drei geschilderten Problemkinder sind, eines ist ihnen gemeinsam: Trotz guter Intelligenz und obwohl alle drei Kinder aus Familien kommen, die ihren Kindern viel Zeit und Aufmerksamkeit widmen, zeigen die Kinder Lern- und Verhaltensschwierigkeiten. Lern- und Verhaltensschwierigkeiten sind der häufigste Zuweisungsgrund von Schulkindern an Kinderneuropsychiater und Kinderpsychologen; damit ist die Erforschung der Ursachen dieser Probleme zu einem Forschungsschwerpunkt der betroffenen Wissenschaften geworden. Eines der möglichen Verursachungsmomente liegt, wie eingangs beschrieben, im Bestehen einer Teilleistungsschwäche, die eine Vielfalt von Schwierigkeiten des Kindes und mit dem Kind zur Folge haben kann. Vorgestellt beim Kinderpsychologen und Kinderneuropsychiater werden die betroffenen Kinder meist im Schulalter, weil in der Schule die Auswirkungen der Teilleistungsschwäche so deutlich werden, daß Eltern und Lehrer oft ratlos davorstehen. Natürlich werden nicht alle Kinder, bei denen eine Teilleistungsschwäche besteht, dem Fachmann vorgestellt; viele, bei denen die Auswirkungen nicht so kraß sind wie bei den oben vorgestellten Kindern, kämpfen sich unter aufwendiger Unterstützung durch Eltern und Schule als sogenannte „schwierige" Kinder zum Erwachsenwerden durch und absolvieren oft eine Schulkarriere, die nicht ihrer Intelligenz entspricht. Eines möchte ich an dieser Stelle aber festhalten: nicht jedes schwierige Kind ist deswegen schwierig, weil es eine Teilleistungsschwäche aufweist. Es gibt natürlich auch eine Reihe anderer Ursachen für Lern- und Verhaltensstörung. Den jeweiligen Grund herauszufinden ist dann die Aufgabe des Fachmannes. Was hat das nun mit den Sorgen der eingangs vorgestellten Kinder zu tun? Bei allen drei Kindern konnte als Ursache ihrer Schwierigkeiten eine Teilleistungsschwäche herausgefunden werden, jedoch lag bei jedem Kind die Schwäche in einem anderen Bereich der Teilleistung. Denken wir zuerst an Georg: Georg meint, M O heiße nicht ER, weil man ER mit einem P und einem A schreibe. Was bedeutet dieser Fehler? Mit diesem Ausspruch zeigt das Kind, daß für ihn noch keine feste Verbindung zwischen Laut und Buchstaben besteht. Er hat noch nicht erfaßt, daß die Gestalt des Buchstabens, die er sieht, und der Klang des Lautes, den er hört, untrennbar zusammengehören, bzw. er kann sich diese Verbindung zwischen Gehörtem und Gesehenem schlecht merken. Lesen ist – unter anderem – die Übersetzung von Buchstabenfolgen in gesprochene Wörter. Ohne diese Brücke vom Gesehenen zum Gehörten geschlagen zu haben ist Lesen praktisch unmöglich. Damit wird klar, woher Georgs Schwierigkeiten kommen: Er hat diese Brücke noch nicht geschlagen und kann sie daher auch noch nicht begehen. Er hat auf dem Gebiet der Verbindung Sehen-Hören eine Teilleistungsschwäche. Das bedeutet, daß ihm zuerst geholfen werden muß, diese Brücke zu schlagen und auszubauen, damit er das Lesen erlernen kann. Er braucht ein speziell auf diese seine Schwäche abgestimmtes Übungsprogramm, um zum Lesen zu kommen, nicht aber eine Leseübung im eigentlichen Sinn. Dann wird es ihm auch gelingen, ohne Schwierigkeiten die seiner Intelligenz entsprechenden Leistungen zu erbringen.

Ein Wort an den Fachmann: Als die Basis von Georgs legasthener Symptomatik und damit seiner Leseschwierigkeiten ließ sich eine Teilleistungsschwäche in der Intermodalfunktion isolieren. Ein spezifisches Trainingsprogramm, dessen Übungen einer Komplexitätshierarchie folgen, wurde zum Ausgleich der Teilleistungsschwäche verwendet. Damit wird ein Lesetraining im eigentlichen Sinn überflüssig, da das Kind mit zunehmendem Ausgleich seiner Teilleistungsschwäche auch ohne zusätzliche Leseübungen das Lesen und im weiteren auch das Rechtschreiben mit Hilfe des schulischen Lehrangebotes erlernen kann.

Nun zu Eva: Evas Handlungen wirken für den Zuschauer chaotisch; sie ist das Kind, dem dauernd „etwas passiert". Sie schlägt sich das Knie an, als sie den Drehsessel bewegt, weil sie offenbar die Folgen des Drehens nicht richtig einschätzen und vorhersehen kann. Ihre Geschichte beginnt in der Mitte und endet mit dem Anfang, d. h. die Reihenfolge der Geschichte stimmt nicht. Bei der Untersuchung stellt sich heraus, daß Eva eine Teilleistungsschwäche im Erfassen, Behalten, Wiedergeben und Erstellen von Reihenfolgen hat. Das wirkt sich natürlich auf Schreiben und Lesen und Rechnen aus – die Buchstaben eines Wortes haben eine bestimmte Reihenfolge, Zahlen haben eine bestimmte Reihenfolge. Diese Schwäche wirkt sich aber auch auf das Verhalten aus: Eva braucht viel länger als andere Kinder, um z. B. Folgen ihres Verhaltens, wie etwa die Ablehnung von seiten anderer Kinder, Strafen, den Rückzug anderer Kinder, als solche zu erkennen. Ein Beispiel dafür: Jedes Brettspiel hat seine Regeln – wenn du z. B. auf das rote Feld kommst, mußt du zurück an den Start. In der Reihenfolge gesehen heißt das: auf das rote Feld zu kommen hat zur Folge, daß ich an den Start zurückmuß. An den Start zurückzumüssen hat zur Folge, daß meine Gewinnchancen sinken. Eva, die Schwierigkeiten hat, sich Reihenfolgen zu merken, wird wesentlich länger brauchen, um diese und andere Spielregeln zu behalten. Damit kann sie natürlich auch viel weniger als andere Kinder ihre Pläne schmieden, um das zu vermeiden, wird öfter verlieren und noch dazu ihren Spielkameraden auf die Nerven gehen, ohne selbst wirklich zu erkennen, woran das liegen könnte. Und das hat natürlich wiederum seine Auswirkungen und Folgen für das seelische Gleichgewicht des Kindes. Ihre Teilleistungsschwäche beeinflußt also sowohl ihre Leistungen in der Schule als auch ihr Verhalten. Wie kann dem Kind geholfen werden? Eva braucht ein Trainingsprogramm, das darauf abgestimmt ist, ihr das Erfassen, Behalten und Wiedergeben von Reihenfolgen beizubringen. Natürlich muß es so aufgebaut sein, daß Eva zuerst lernt, einfache, kurze Reihenfolgen zu erfassen, um allmählich mit immer schwierigeren Folgen umgehen zu lernen. Je mehr ihre Teilleistungsschwäche ausgeglichen wird, umso mehr werden sich sowohl ihre Leistungen als auch ihr Verhalten bessern. Natürlich ist es notwendig, Evas Teilleistungsschwäche auch ihren Eltern zu erklären, um auch ihnen zu helfen, ihr Kind zu verstehen und es nicht einfach für unfolgsam zu halten.

Ein Wort an den Fachmann: Bei Eva konnte eine Serialitätsstörung diagnostiziert werden, die einerseits Lernen und Verhalten beeinträchtigte, andererseits bereits eine sekundäre Neurotisierung zur Folge hatte. Neben einem spezifischen funktionell-therapeutischen Training waren aufklärende und führende Unterstützung der Eltern und Lehrer, aber auch viel Ermutigung für Eva notwendig.

Und wo lag Sissis Problem? Sissi konnte den Raum, in dem sie sich befand, nicht, wie andere Kinder, mit den Augen erforschen – sie mußte alles betasten und begreifen. Vor dem Spieleregal stand sie ratlos, als sie aufgefordert wurde, die Puppe zu nehmen – weil es ihr schwer fiel, aus dem vielfältigen bunten Gesamtbild, das das Spielregal bietet, ein einzelnes Ding herauszufinden. Sissi hat, so ließ sich in der Untersuchung nachweisen, eine Teilleistungsschwäche in der Fähigkeit, aus all dem, was gleichzeitig zu sehen ist, das gerade Wesentliche zu isolieren – ihr fehlte sozusagen der „Blick" fürs Wesentliche. Daher konnte sie auch im weiteren die feinen

Unterschiede in den Gesichtszügen ihrer Mutter nicht erkennen, als diese zuerst verlegen, dann aber schon zornig dreinschaute. Die Züge eines Gesichtes verändern sich, je nachdem, was man gerade ausdrückt. Wenn nun ein Kind Schwierigkeiten hat, die schrittweise Veränderung des Aussehens zu bemerken, die sich ergibt, wenn sich der Ausdruck ändert, man also „anders" dreinschaut, so wird es auch nicht darauf reagieren. Das war bei Sissi der Fall. Ihre Verhaltensstörung war also dadurch bedingt, daß sie den fehlenden Blick fürs Wesentliche durch „Begreifen" und „Erfassen", wörtlich gemeint, auszugleichen versuchte und dadurch natürlich dauernd in Bewegung war, und dadurch, daß sie kleine sichtbare Unterschiede nicht wahrnehmen konnte und daher verzögert reagierte, nämlich erst zu einem Zeitpunkt, als alle schon böse auf ihre scheinbare Sturheit waren.

Dieses Bössein ihrer Mitmenschen war für Sissi wiederum unerklärlich, und sie reagierte ihrerseits zornig und verunsichert. Nachdem die Ursache geklärt war, konnte mit Sissi ein gezieltes Trainingsprogramm durchgeführt werden, das ihre Fähigkeit, Details wahrzunehmen und feine Unterschiede zu erkennen, schulte. Mit der Verbesserung dieser Teilleistung besserte sich auch zunehmend Sissis Verhalten; aus ihr wurde ein fröhliches, angepaßtes Kind, das gut mit anderen Menschen auskam, lebhaft und interessiert wie immer war, aber ohne daß daraus Probleme entstanden.

Ein Wort an den Fachmann: Es handelte sich bei Sissi um eine optische Figur-Grund-Differenzierungsschwäche, darauf basierend um eine optische Differenzierungsschwäche.

Vielleicht noch ein Wort zum Erzieherischen: Mancher mag vielleicht, wenn er so Sissis Beschreibung liest, den Eindruck gewonnen haben, das Kind sei einfach unerzogen, und diese „Unarten" müßten ihm doch abzugewöhnen sein. Genau an diesem Punkt liegt das große Problem: Die Kinder erscheinen als „schlimm", sind es aber ganz sicher nicht (wozu grundsätzlich zu sagen wäre, daß sogenannte „schlimme" Kinder immer ihre Gründe für ihr Verhalten haben, aber das ist wieder ein anderes Problem). Bei dem Kind, das aufgrund seiner Teilleistungsschwäche eine Verhaltensstörung zeigt, nützen sämtliche pädagogische Maßnahmen und erzieherischen „Tricks" nicht. Mit Strenge und Druck erreichen Sie bei einem solchen Kind höchstens aggressives Verhalten oder den Rückzug des Kindes. Hätte man Sissi immer davon abgehalten, Dinge zu begreifen, so wäre sie sicherlich daran zu hindern gewesen, gleichzeitig aber wäre jedes spontane Lernen und Erfahren für dieses Kind unmöglich geworden, da sie ja aufgrund ihrer Schwäche keine andere Möglichkeit hatte. Sämtliche Erziehungsmaßnahmen und pädagogische Hilfen waren schon versucht worden, hatten aber fehlgeschlagen. Die Ursache für Sissis Fehlverhalten lag ja nicht in einem Erziehungsfehler, war daher auch nicht durch die beste Erziehung korrigierbar. Die Ursache lag, wie ausgeführt, in einer bestimmten Teilleistungsschwäche. Daher ging der zielführende Weg einzig und allein über das Beheben dieser Teilleistungsschwäche.

Die Beschreibung der drei Problemkinder und die Aufdeckung der Ursache sollte aufzeigen, daß Lern- und Verhaltensstörungen durch Teilleistungsschwächen bedingt sein können. Damit sollte aber auf keinen Fall der Eindruck entstehen, daß jedes lern- und verhaltensgestörte Kind aufgrund einer Teilleistungsschwäche Schwierigkeiten hat. Natürlich gibt es noch eine Reihe anderer Ursachen dafür. Auf diese hier einzugehen würde jedoch den Rahmen des Buches sprengen.

Früherkennung von Teilleistungsschwächen

Nachdem ich Ihnen Geschichte und Leidensweg von drei Kindern erzählt habe, die an durch Teilleistungsschwächen bedingten Lern- und Verhaltensstörungen litten, werde ich Ihnen nun von zwei Kindern berichten, deren Teilleistungsschwäche erkannt und behoben wurde, bevor diese überhaupt noch als Störungen auffielen.

MICHAEL
Michael ist knapp sechs Jahre alt. Er sollte im Herbst in die Schule kommen, die Mutter beantragte jedoch die Rückstellung vom Schulbesuch. Ihre Gründe dafür ließen sich sogar dem Vater des Kindes und der Verwandtschaft schwer erklären, ist Michael doch ein aufgewecktes, interessiertes Kind, das sich sogar in zwei Sprachen – er ist doppelsprachig erzogen – gut und mit reichem Wortschatz ausdrücken kann, das gut mit seinen Freunden auskommt und auch lange Zeit gebannt, ohne unruhig zu werden, einem vorgelesenen Märchen lauschen kann. Und doch hat seine Mutter mit dem Wunsch, ihn erst ein Jahr später in die Schule gehen zu lassen, recht. Sie hat nämlich folgendes beobachtet: Ihr Sohn meidet Malbücher, ja, das Zeichnen überhaupt. Läßt er sich doch zu einer Zeichnung überreden, werden die Köpfe seiner Männchen wackelige, eckige Eier. Zeichnet er eine Schlange, so scheint diese im Eismeer zu leben, so sehr ist ihr das Zittern anzusehen. Bittet die Mutter Michael, aus seinem Zimmer ein bestimmtes Spiel zu bringen, so steht er minutenlang ratlos vor seiner Spielecke, bis er endlich das richtige Spiel entdeckt. (Ich erinnere Sie an dieser Stelle an Sissis Verhalten vor dem Spieleregal!) Geht sie mit ihm spazieren und möchte sie ihm aus der Vielfalt der Dinge, die zu sehen sind, etwas zeigen, fällt es ihm schwer, das entsprechende zu bemerken. Treffen nun die beiden gar die Kindergartengruppe des Nachbarkindergartens beim Spazierengehen, entdeckt Michael niemals seinen guten Freund in der Kinderschar – er sieht ihn erst, wenn dieser auf ihn zuläuft. Der zu Rate gezogene Augenarzt versicherte der Mutter, daß ihr Kind keinerlei Augenfehler habe. Die berechtigte Sorge der Mutter ging dahin, wie Michael denn in der Schule den einzelnen Buchstaben von der Tafel abschreiben können werde, wenn es ihm schon so schwer fiel, den wohlvertrauten Freund aus der Kinderschar herauszusehen. Michaels Mutter hatte recht: Bei einer psychologischen Untersuchung wurde festgestellt, daß Michael bei sehr gut entwickelter Intelligenz eine Teilleistungsschwäche hat, und zwar liegt seine Teilleistungsschwäche in der Fähigkeit, aus einem Gesamteindruck ein „Detail“ herauszusehen (ähnlich wie bei Sissi). Weiters fiel es ihm schwer, Auge und Hand zu koordinieren, weshalb seine Zeichnungen zittrig und eckig wurden. Natürlich vermied er aus diesem Grund auch Malbücher, da es ihm so gut wie nie gelang, etwas anzumalen, ohne über den Rand hinauszugelangen. Das Jahr, das durch die Rückstellung gewonnen war, wurde bestens genützt: Michaels Mutter führte mit ihrem Sohn ein gezieltes Training durch, das seine Fähigkeit, Details zu sehen und Auge und Hand zu koordinieren, schulte. Ohne Leistungsdruck durch schulische Anforderungen und ohne das Gefühl zu bekommen, zu versagen, konnte Michael so seine Teilleistungsschwäche ausgleichen, bevor daraus eine

Lern- oder Verhaltensstörung wurde. Michael hat soeben die zweite Klasse mit glänzendem Erfolg beendet, ohne daß er sich dafür sonderlich anstrengen mußte, da er ja ohne Hindernisse seine gute Intelligenz einsetzen konnte. Er geht gern in die Schule, kommt mit Lehrern und Mitschülern gut aus, ist ein selbstsicheres, freundliches und lustiges Kind.

Ein Wort an den Fachmann: Die Frühdiagnose der optischen Figur-Grund-Differenzierungsschwäche und visuomotorischen Koordinationsschwäche im Vorschulalter des Kindes machte die präventive Maßnahme möglich, sodaß die Ausbildung einer Lern- oder Verhaltensstörung verhindert werden konnte.

KARIN

Karin war gerade fünf Jahre alt, als die Kindergärtnerin die Mutter auf etwas aufmerksam machte, was dieser auch zu Hause schon aufgefallen war: Karin konnte nur schwer ruhig bleiben, wenn eine Geschichte vorgelesen wurde. Durch jedes Geräusch wurde sie abgelenkt. Wenn draußen ein Hund bellte, plapperte Karin sofort drauflos und erzählte ihrerseits eine Hundegeschichte. Hörte sie währenddessen das Bimmeln einer Straßenbahn, so unterbrach sie ihre Hundegeschichte, um über Straßenbahnen zu reden. Dazwischen fragte sie nach dem Fortgang der vorgelesenen Geschichte, um aber sofort aufzuspringen und wegzulaufen, weil sie im Nebenzimmer den Vater hörte.

Auch die bei ihr an sich sehr beliebten Radiomärchen hörte sie immer nur stückchenweise, weil sie immer wieder andere Geräusche und Laute beachten mußte.

Natürlich waren Eltern und Kindergärtnerin besorgt, wenn sie sich vorstellten, daß Karin in einer Schulklasse sitzen und der Lehrerin zuhören sollte, ohne darauf zu achten, welche Geräusche vor der Klassentüre zu hören wären oder andere Kinder machen würden.

Karin hatte eine Teilleistungsschwäche in der Fähigkeit, aus all dem, was sie gleichzeitig hörte, das gerade Wichtigste herauszuhören und dann dabeizubleiben. Sie hörte sozusagen auf alles gleichzeitig, bzw. jedes neue Geräusch war für sie automatisch das wichtigste. Sie konnte ihre Aufmerksamkeit nicht steuern bzw. festhalten.

Die Sorge der Eltern und der Kindergärtnerin war berechtigt: Diese Teilleistungsschwäche hätte Karin tatsächlich daran gehindert, den Worten der Lehrerin aufmerksam zu folgen und sich auf den Unterricht zu konzentrieren. Daher begannen wir ein regelmäßiges gezieltes Training mit Karin, das schrittweise ihre Fähigkeit, beim Zuhören „am Ball" zu bleiben, schulte. Anfangs konnte nur jeweils fünf Minuten mit ihr geübt werden, bald jedoch steigerte sich ihre Belastbarkeit. Karin hat inzwischen erfolgreich die erste Volksschulklasse abgeschlossen, Lern- oder Verhaltensstörungen traten nicht auf. Der Lehrerin war lediglich aufgefallen, daß Karin, selbst wenn sie dem Unterricht aufmerksam folgte, trotzdem genau Bescheid wußte, was sonst noch im Raum oder auch vor der Tür vorging. Konzentrationsschwierigkeiten traten keine auf.

Ein Wort an den Fachmann: Karin zeigte eine Schwäche in der akustischen Figur-Grund-Differenzierung bzw. Fokussierung der akustischen Aufmerksamkeit. Das Training verbesserte ihre diesbezügliche Fähigkeit entscheidend, ihre Kanalkapazität war jedoch so groß, daß sie trotz guter Fokussierung offenbar die restliche Information nur wenig verdünnen mußte und daher viel davon verarbeitete und behielt.

Die beiden Kinder Michael und Karin wurden

also durch eine Früherkennung und Frühbehandlung davor bewahrt, aufgrund einer Teilleistungsschwäche eine Lern- oder Verhaltensstörung zu entwickeln. Im nächsten Teil wird nun eine Methode vorgestellt, mit Hilfe derer diese Früherkennung möglich ist; gleichzeitig werden Übungsanleitungen für die entsprechenden Programme gegeben. Eine Teilleistungsschwäche (im hier definierten Sinn) noch vor dem Vorschulalter zu erkennen ist deswegen schwierig, weil die Entwicklung der verschiedenen Teilfunktionen von Kind zu Kind einer großen Schwankungsbreite unterliegt. Ausgeprägte Entwicklungsdysharmonien, wie z. B. Sprachentwicklungsstörungen oder Bewegungsstörungen oder globale Wahrnehmungsstörungen, lassen sich natürlich schon viel früher als im Vorschulalter feststellen. Das sind aber keine Teilleistungsschwächen im hier verstandenen Sinn. Die feine Diagnostik der Grundfunktionen für frühere Altersstufen als das Vorschulalter zu erarbeiten ist eine bis jetzt noch ungelöste Aufgabe.

II. Verfahren zur Erfassung von Teilleistungsschwächen im Vorschulalter

Wie kann verhindert werden, daß es zu Schulproblemen und Verhaltensproblemen, die aus Teilleistungsschwächen entstehen, kommt? Um diese Frage zu klären, wurde im Schuljahr 1977/78 und 1978/79 eine Untersuchung an Vorschulkindern vorgenommen. Die Untersuchung wurde von mir gemeinsam mit Dr. Gertrude Bogyi von der Universitätsklinik für Neuropsychiatrie des Kindes und Jugendalters (Leiter: Univ.-Prof. Dr. Spiel), der damals auch noch die Autorin angehörte, durchgeführt. Mitgearbeitet hat das Lehrerehepaar Inge und Peter Lefold, das auch die Koordination mit den Vorklassenlehrern der umliegenden Schulen und den örtlich zuständigen Schulbehörden übernahm. Es wurden über zweihundert Kinder der Grundschule Stotel bei Bremen und von umliegenden Schulen in die Untersuchung einbezogen.
Die Vorschulkinder wurden zu Beginn des Schuljahres mit einem Verfahren zur Erfassung von Teilleistungsschwächen, das eigens dafür entwickelt wurde, untersucht.
Im folgenden finden Sie Anleitungen und Material, um feststellen zu können, wo eventuelle Schwächen Ihres Kindes liegen könnten.

Ein Wort an den Fachmann: Versuchsaufbau, Versuchsdurchführung und Auswertung basieren auf den Erfahrungen, die mit oder anhand der angeführten Untersuchung gewonnen wurden. Für die Aufgabengruppen 2, 3, 7, 8, 10, 16 und 17 wurde das Material unverändert übernommen, für die Aufgabengruppe 1, 9, 13 und 14 modifiziert.

Vorbemerkungen

Nehmen Sie sich Zeit, um in Ruhe durchzulesen, wie die Aufgaben zu stellen sind, bevor Sie sie mit Ihrem Kind durcharbeiten.
Auch Ihr Kind sollte Ruhe und Zeit haben, die „Rätsel", die Sie ihm aufgeben werden, zu lösen. Vermeiden Sie, die Aufgaben mit dem Kind durchzuführen, wenn es müde ist oder nachdem es sich gerade über etwas aufgeregt hat oder dergleichen. Ihr Kind und Sie sollten ruhig, ausgeruht und auch ungestört miteinander arbeiten können.
Wichtig ist außerdem, daß Sie mit dem Kind ungestört sind, damit Sie die richtigen Ergebnisse erhalten. Versuchen Sie also, mit dem Kind allein in einem Raum zu sein.
Weiters ist wichtig, daß Ihr Kind genau verstanden hat, was es tun soll. Werden Sie nicht ungeduldig, falls Ihr Kind nicht gleich weiß, was Sie mit der Anleitung gemeint haben. Natürlich können Sie die vorgegebenen Anleitungen an den Dialekt und den Wortschatz Ihres Kindes anpassen. Auf keinen Fall jedoch dürfen Sie schimpfen oder unwillig werden. Erklären Sie ruhig und geduldig so lange, bis das Kind die Aufgabe verstanden hat. Schimpfen oder Ungeduld macht Ihr Kind ängstlich und vermindert auf alle Fälle seine Leistungen!
Um Ihr Kind nicht zu überfordern, machen Sie nicht alle Aufgaben auf einmal, sondern verteilen Sie die Aufgaben auf mehrere Tage. Lediglich die Aufgaben einer Nummer sollten jeweils auf einmal durchgeführt, also nicht unterbrochen werden. Die Anleitung zur Auswertung finden Sie nach der Darstellung der einzelnen Aufgaben.

Aufgaben

1.
Unterscheiden von Bildpaaren

Für den Fachmann: Optische Differenzierungsfähigkeit, geprüft an sinnvollem Material

Auf den Blättern „Aufgabengruppe 1“ sehen Sie jeweils nebeneinander zwei Bilder. Insgesamt sind es zehn Bildpaare. Fünf davon sind gleich, fünf davon ungleich.

Zeigen Sie Ihrem Kind immer ein Bildpaar, und decken Sie die anderen Bilder auf der Seite inzwischen ab.

Erklären Sie nun Ihrem Kind:
„Schau, hier siehst du zwei Bilder. Schau sie dir ganz genau an und sag mir, ob die beiden Bilder gleich oder ungleich sind!“
Ihr Kind kann sich die Bilder ansehen, solange es möchte. Geholfen darf ihm dabei nicht werden. Sie dürfen also nicht sagen: „Schau auf die Haustür!“ oder ähnliches.

Die richtigen Lösungen lauten:
gleich: Wurst, Uhr, Hacke, Schirm, Schwammerl
ungleich: Haus, Schiff, Birne, Kirschen, Blatt

Notieren Sie, wie viele falsche Antworten Ihr Kind gegeben hat.

F:

2.
Unterscheiden von Figurenpaaren

Für den Fachmann: Optische Differenzierungsfähigkeit, geprüft an sinnfreiem Bildmaterial

Wieder sehen Sie nebeneinander zwei Bilder, nur handelt es sich jetzt um Figuren, die nichts darstellen (Blätter „Aufgabengruppe 2“). Auch hierbei hat das Kind die Aufgabe, herauszufinden, ob die beiden Bilder gleich oder ungleich sind.

Lassen Sie ihm wiederum so lange Zeit für jedes Bildpaar, wie es braucht. Geben Sie ihm keine zusätzlichen Hilfen.

Erklären Sie ihm:
„Schau dir die Bilder genau an, und sag mir dann, ob sie gleich oder ungleich sind.“
Wie bei der vorhergehenden Aufgabe ist es günstig, immer nur ein Bildpaar zu zeigen und die anderen abzudecken, damit das Kind nicht abgelenkt wird.

Die richtigen Lösungen lauten:
gleich: 1, 2, 3, 7, 10
ungleich: 4, 5, 6, 8, 9

Notieren Sie wieder, wie viele falsche Antworten das Kind gegeben hat.

F:

3.
Versteckte Figuren

Für den Fachmann: Optische Gliederung, geprüft an sinnfreiem Bildmaterial

Auf den Blättern „Aufgabengruppe 3" sehen Sie im oberen Teil des Bildes jeweils eine kleine Figur, darunter eine größere. Die kleine Figur kommt in der größeren nochmals vor.
Ihr Kind hat nun die Aufgabe, die kleine Figur von oben in der größeren Figur wiederzufinden.
Zeigen Sie ihm das erste Figurenpaar, und erklären Sie ihm:
„Du siehst da oben eine kleine Zeichnung." Zeigen Sie hin.
„Diese kleine Zeichnung kommt da in der großen Figur nochmals vor."
Zeigen Sie auf die große Figur.
„Kannst du herausfinden, wo sich die kleine Figur in der großen Figur versteckt hat?"
Lassen Sie dem Kind wiederum Zeit, solange es braucht.

Die Lösungen finden Sie nach den Figuren.

Notieren Sie die Anzahl der falschen Lösungen.

F:

4.
Unterscheiden von Wortpaaren

Für den Fachmann: Verbal-akustische Differenzierung, überprüft an Wortpaaren

Bei dieser Aufgabe geht es darum, herauszufinden, ob Ihr Kind ähnlich klingende Wörter unterscheiden kann, ob es also imstande ist, kleine Unterschiede zu hören.
Sie finden hier eine Liste von zehn Wortpaaren. Fünf davon sind gleich, fünf ungleich. Sagen Sie dem Kind jeweils ein Wortpaar vor. Dabei soll das Kind aber nicht von Ihren Lippen lesen können – wenden Sie sich also ab oder halten Sie etwas so vor Ihr Gesicht, daß das Kind Ihre Lippen nicht sehen kann. Sprechen Sie deutlich, ohne allerdings die Unterschiede überzubetonen.
Das Kind soll nach jedem Wortpaar sagen, ob die beiden Wörter gleich oder ungleich waren.

Erklären Sie dem Kind:
„Ich sag dir jetzt immer zwei Wörter vor. Hör mir gut zu und sag mir, ob die beiden Wörter gleich oder ungleich sind."

Die Wortliste lautet:

1	früh – früh	6	nach – noch
2	bis – bis	7	ob – ab
3	voll – voll	8	mit – mit
4	kaum – kam	9	aber – oder
5	jetzt – jetzt	10	satt – statt

Lösungen:
gleich: 1, 2, 3, 5, 8
ungleich: 4, 6, 7, 9, 10

Notieren Sie die Anzahl der falschen Antworten.

F:

5. Unterscheiden von Paaren sinnloser Wörter

Für den Fachmann: Verbal-akustische Differenzierung, geprüft mittels sinnfreier Silben

Nun geht es darum, herauszufinden, ob Ihr Kind imstande ist, auch bei Wörtern, die nichts bedeuten, Unterschiede herauszuhören. Diesmal kann es sich also auf keinen Fall durch den Sinn helfen.
Achten Sie wieder (wie bei Aufgabe 4) darauf, daß das Kind nicht von Ihren Lippen lesen kann. Sprechen Sie deutlich, ohne jedoch die Unterschiede besonders zu betonen.

Erklären Sie dem Kind:
„Ich sag' dir jetzt wieder immer zwei Wörter vor. Die Wörter heißen aber nichts, es sind Unsinn-Wörter. Hör mir wieder gut zu und sag mir, ob die beiden Wörter gleich oder ungleich sind."

Die Wortpaare lauten:

1	suk – sok	6	ket – kat
2	jel – jel	7	töp – töp
3	pit – pit	8	mes – mek
4	zaf – zaf	9	lin – len
5	sip – sit	10	tux– tux

Lösungen:
gleich: 2, 3, 4, 7, 10
ungleich: 1, 5, 6, 8, 9

Notieren Sie wieder die Anzahl der falschen Antworten.

F:

6. Versteckte Wörter

Für den Fachmann: Verbal-akustische Gliederung bzw. Figur-Grund-Differenzierung

Diesmal geht es darum, zu überprüfen, ob Ihr Kind ein gehörtes Wort in seine Einzelteile zerlegen, also ein Detail heraushören kann.
Dazu sagen Sie ihm nacheinander die unten aufgelisteten Wörter vor. In fünf der zehn Wörter steckt das Wörtchen „zu“. Das Kind soll nun nach jedem Wort, das Sie ihm vorsagen, angeben, ob es darin das Wörtchen „zu“ gehört hat.
Erklären Sie ihm:
„Ich sag' dir jetzt immer ein Wort vor. Hör mir gut zu und sag mir, ob du darin ‚zu‘ hören kannst.“
Wenn Sie den Eindruck haben, daß das Kind nicht richtig verstanden hat, was es tun soll, geben Sie ihm das Beispiel „zusammen“. Dabei betonen Sie „zu“ besonders. Sagt Ihr Kind nun, daß es „zu“ darin hören kann, sagen Sie ihm die folgenden Wörter vor, jetzt aber, ohne „zu“ besonders zu betonen. Bitte, vermeiden Sie wieder, wie vorher, Lippenlesen!

Die Wörter lauten:

1	zusehen	6	unruhig
2	aussuchen	7	herzukommen
3	dazu	8	verunsichern
4	unschuldig	9	wozu
5	schrullig	10	Zufall

Lösungen:
„ja“ – „zu“ steckt in: 1, 3, 7, 9, 10
„nein“ – „zu“ steckt nicht in: 2, 4, 5, 6, 8

Notieren Sie die Anzahl der Fehler.

F:

7. Verbindung von Sehen und Hören

Für den Fachmann: Intermodale Verbindung, Abruf optisch-akustisch

Es geht darum, herauszufinden, ob es Ihrem Kind gelingt, die Brücke vom Sehen zum Hören zu schlagen.

Dazu gehören die folgenden Zeichnungen (Blatt „Aufgabengruppe 7“). Legen Sie die Seite mit den Zeichnungen vor Ihr Kind und erklären Sie ihm:
„Tiere können nicht zeichnen, sie haben es aber versucht. Und hier siehst du jetzt, was dabei herausgekommen ist.“

„Das hat die Henne gezeichnet." Zeigen Sie auf das erste Bild.
„Das hat der Ochs gezeichnet." Zeigen Sie auf das zweite Bild.
„Das hat der Bär gezeichnet." Zeigen Sie auf das dritte Bild.
„Das hat die Gans gezeichnet." Zeigen Sie auf das vierte Bild.
„Das hat der Affe gezeichnet." Zeigen Sie auf das fünfte Bild.
„Und jetzt sag' ich dir nochmals, wer was gezeichnet hat. Versuch, es dir zu merken! Das hat die Henne gezeichnet, das hat der Ochs gezeichnet, das hat der Bär gezeichnet, das hat die Gans gezeichnet, das hat der Affe gezeichnet."
Dazu zeigen Sie jeweils wieder auf das entsprechende Bild. Bevor Sie den Namen des Tieres sagen, zögern Sie jeweils ein bißchen – vielleicht möchte das Kind schon den Namen sagen. Wenn das Kind den Tiernamen nicht sofort weiß, sagen Sie ihn vor.
Nun sagen Sie dem Kind alles nochmals vor:
„Machen wir es nochmals gemeinsam: Das hat die Henne gezeichnet, das hat der Ochs gezeichnet, das hat der Bär gezeichnet, das hat die Gans gezeichnet, und das hat der Affe gezeichnet."
Dazu zeigen Sie wieder auf die entsprechenden Bilder und zögern wieder, bevor Sie die Tiernamen nennen, um dem Kind die Möglichkeit zu geben, den Namen zu sagen, falls es ihn schon behalten hat.

Und nun folgt die Überprüfung:
Zeigen Sie auf das vierte Bild und fragen Sie das Kind:
„Wer hat das gezeichnet?" (Lösung: die Gans)
Zeigen Sie auf das dritte Bild und fragen Sie das Kind:
„Wer hat das gezeichnet?" (Lösung: der Bär)
Zeigen Sie auf das erste Bild und fragen Sie das Kind:
„Wer hat das gezeichnet?" (Lösung: die Henne)
Zeigen Sie auf das fünfte Bild und fragen Sie das Kind:
„Wer hat das gezeichnet?" (Lösung: der Affe)
Zeigen Sie auf das zweite Bild und fragen Sie das Kind:
„Wer hat das gezeichnet?" (Lösung: der Ochs)

Notieren Sie, bei wie vielen Bildern das Kind nicht wußte, wer es gezeichnet hat oder das falsche Tier genannt hat.

F:

8. Verbindung von Hören und Sehen

Für den Fachmann: Intermodale Verbindung, Abruf akustisch-optisch

Diese Aufgabengruppe sollten Sie nicht unmittelbar nach 7. machen, da das Kind durch die Ähnlichkeit verwirrt werden könnte.

Es geht wieder um die Fähigkeit, eine Brücke zwischen Hören und Sehen zu schlagen.
Nehmen Sie das Blatt „Aufgabengruppe 8“ und legen Sie es vor das Kind.

Erklären Sie ihm:
„Tiere haben wieder etwas gezeichnet. Schau dir an, was diesmal dabei herausgekommen ist.“
„Das hat die Ziege gezeichnet.“ Zeigen Sie auf das erste Bild.
„Das hat der Esel gezeichnet.“ Zeigen Sie auf das zweite Bild.
„Das hat das Schaf gezeichnet.“ Zeigen Sie auf das dritte Bild.
„Das hat die Ente gezeichnet.“ Zeigen Sie auf das vierte Bild.
„Und das hat das Schwein gezeichnet.“ Zeigen Sie auf das fünfte Bild.
Nun wiederholen Sie nochmals, zeigen dabei auf die entsprechenden Bilder und lassen wie bei 7. dem Kind ein bißchen Zeit, ob es die Namen der Tiere vielleicht schon selber sagen kann.
Wie vorher sagen Sie aber selbst die Namen, falls es das Kind nicht gleich weiß:
„Das hat die Ziege gezeichnet, das hat der Esel gezeichnet, das hat das Schaf gezeichnet, das hat die Ente gezeichnet, das hat das Schwein gezeichnet.“
Dann wiederholen Sie mit dem Kind gemeinsam nochmals:
„Machen wir es nochmals miteinander: Das hat die Ziege gezeichnet, das hat der Esel gezeichnet, das hat das Schaf gezeichnet, das hat die Ente gezeichnet, das hat das Schwein gezeichnet.“

Nun folgt wieder die Überprüfung. Fragen Sie ihr Kind:
„Welches hat das Schaf gezeichnet?“ (Lösung: das dritte Bild)
„Welches hat die Ziege gezeichnet?“ (Lösung: das erste Bild)
„Welches hat die Ente gezeichnet?“ (Lösung: das vierte Bild)
„Welches hat der Esel gezeichnet?“ (Lösung: das zweite Bild)
„Welches hat das Schwein gezeichnet?“ (Lösung: das fünfte Bild)

Notieren Sie wieder, wie viele Antworten das Kind nicht gewußt oder falsch gegeben hat.

F:

9. Merken von Bildern

Für den Fachmann: Speicherung optisch vorgegebener Reihen sinnvoller Bilder

Nun soll die Fähigkeit Ihres Kindes, sich Bilder in einer bestimmten Reihenfolge zu merken, überprüft werden.

Dazu müssen Sie eine kleine Vorbereitung treffen: Schneiden Sie die Kärtchen der „Aufgabengruppe 9" aus. Sie werden bemerken, daß jedes Kärtchen zweimal vorkommt.
Nehmen Sie nun ein Kärtchen mit einer Birne, einer Tasse, einem Blatt, einem Fisch, einem Bleistift, einer Hacke, einem Apfel und einer Lampe.

Erklären Sie dem Kind:
„Ich zeig' dir jetzt Bilder. Gib die Zunge zwischen die Zähne und versuch, dir diese Bilder gut zu merken."
Die Zunge zwischen die Zähne zu geben dient dazu, das Mitsprechen möglichst zu unterbinden. Denn das Kind soll sich die Bilder ja durch Anschauen, nicht durch Vorsagen merken. Natürlich dürfen auch Sie die Bilder nicht benennen.

Legen Sie nun die Kärtchen in eine Reihe vor das Kind – vom Kind aus gesehen von links nach rechts. Nachdem Sie alle acht Kärtchen aufgelegt haben, zeigen Sie nochmals wortlos auf jedes Kärtchen, wieder in der Reihe von links nach rechts. Dann drehen Sie die Kärtchen der Reihe nach von links nach rechts um.

Geben Sie dem Kind nun die anderen acht Kärtchen und erklären Sie ihm:
„Du bekommst jetzt von mir genau solche Kärtchen. Versuch, sie unterhalb meiner Kärtchen an der richtigen Stelle hinzulegen!"
Dabei darf das Kind anfangen, wo es möchte. Sobald es alle Kärtchen aufgelegt hat, drehen Sie Ihre Kärtchen wieder der Reihe nach um. Nun sehen Sie sofort, wie viele Kärtchen das Kind richtig und wie viele Kärtchen es falsch gelegt hat.

Notieren Sie die Anzahl der falsch gelegten Kärtchen.

F:

10. Merken von Figuren

Für den Fachmann: Speicherung optisch vorgegebener Reihen sinnarmer Figuren

Jetzt wird überprüft, wie gut sich Ihr Kind eine Reihe von Figuren merken kann.
Dazu müssen Sie wieder eine kleine Vorbereitung treffen.
Schneiden Sie die Figuren der „Aufgabengruppe 10" aus. Sie sehen, daß jede Figur zweimal vorkommt.

Nehmen Sie von jedem Figurenkärtchen eines, und erklären Sie dem Kind:
„Ich zeig' dir jetzt wieder Bilder. Schau mir wieder gut zu und versuch, sie dir gut zu merken."
Legen Sie nun wie vorher die Kärtchen in einer Reihe vor dem Kind auf — vom Kind aus gesehen von links nach rechts. Dann zeigen Sie wieder wortlos der Reihe nach auf jedes Kärtchen.
Dann drehen Sie die Kärtchen der Reihe nach um.
Geben Sie den zweiten Kärtchenstoß dem Kind und erklären Sie ihm:
„Du bekommst jetzt von mir wieder genau solche Kärtchen. Versuch wieder, sie unterhalb meiner Kärtchen an der richtigen Stelle hinzulegen!"
Wieder darf das Kind mit dem Auflegen beginnen, wo es möchte.
Sobald es alle aufgelegt hat, drehen Sie Ihre Kärtchen wieder um. Sie sehen wie vorher auf einen Blick, wie viele Kärtchen Ihr Kind richtig und wie viele es falsch aufgelegt hat.

Notieren Sie die Anzahl der falsch gelegten Kärtchen.

F:

11. Merken von Wortreihen

Für den Fachmann: Verbal-akustische Speicherung

Nun wird überprüft, ob Ihr Kind ein gutes Gedächtnis für Vorgesprochenes hat.

Erklären Sie dem Kind:
„Ich sag' dir jetzt einige Wörter vor. Versuch, sie dir gut zu merken, und sag sie mir dann nach!"

Nun sagen Sie ihm langsam, im Tempo von etwa einem Wort pro Sekunde, folgende Wörter vor:
„Ofen" „Straße" „Stuhl" „Uhr".
Wenn Ihr Kind die Wörter nachsagt, beobachten Sie genau: Wie viele der vier Wörter hat es nicht mehr gewußt?

Notieren Sie:

F1:

Wie viele der vier Wörter hat es an anderer Stelle gesagt, als Sie ihm vorgesprochen haben?

F2:

(Z. B.: „Ofen" „Stuhl" „Straße" „Uhr": Zwei Fehler [F2], weil zwei Wörter, nämlich „Stuhl" und „Straße", an anderer Stelle vorkommen, als vorgesagt.)

12.
Merken von Silbenreihen

Für den Fachmann: Verbal-akustische Speicherung sinnfreier Silben

Wieder wird das Gedächtnis Ihres Kindes für Vorgesprochenes überprüft, diesmal mit sinnlosen Wörtchen.

Gehen Sie genauso vor wie bei 11. Sprechen Sie Ihrem Kind vor, und das Kind spricht nach.

Die Wörtchen lauten:
wis – dex – wap – mer

Zählen Sie wieder, wie vorher, die Anzahl der Wörtchen, die sich Ihr Kind nicht gemerkt hat.

F1:

Zählen Sie, wie vorher, wie viele Wörtchen es an der falschen Stelle genannt hat.

F2:

13.
Bilder merken – Wörter sagen

Für den Fachmann: Intermodale serielle Gedächtnisleistung

Mit dieser Aufgabe wird überprüft, ob Ihr Kind Gesehenes behalten und die Brücke zum Hörbaren schlagen kann.
Schneiden Sie die Kärtchen mit dem Sack, dem Schneemann, der Tube und den Kirschen aus („Aufgabengruppe 13").

Erklären Sie dem Kind:
„Ich zeig' dir jetzt einige Kärtchen. Steck die Zunge zwischen die Zähne und versuch, dir die Bilder gut zu merken!"
Nun legen Sie die Bilder vom Kind aus gesehen in einer Reihe von links nach rechts auf. Dann nehmen Sie die Bilder weg und fragen das Kind: „Sag mir auf, was du gesehen hast!"

Notieren Sie die Anzahl der in der Reihenfolge falschen Wörter.

F:

14.
Wörter merken – Bilder legen

Für den Fachmann: Intermodale serielle Gedächtnisleistung

Diese Aufgabe sollten Sie dem Kind nicht unmittelbar nach 13. vorgeben, da sonst wieder die Gefahr bestünde, daß es wegen der Ähnlichkeit zu 13. mehr Fehler als notwendig macht.
Mit dieser Aufgabe wird überprüft, ob Ihr Kind Vorgesprochenes behalten und die Brücke zum Sehen schlagen kann.

Schneiden Sie die Kärtchen mit der Schnecke, dem Hut, dem Kasperl und der Kanne aus („Aufgabengruppe 14“). Dabei sollte das Kind die Kärtchen aber noch nicht sehen.

Dann erklären Sie dem Kind:
„Ich sag' dir jetzt Wörter vor. Versuch, dir die Wörter gut zu merken.“
Dann sagen Sie wieder im Tempo von etwa einem Wort pro Sekunde:
„Hut“ „Schnecke“ „Kanne“ „Kasperl“.
Jetzt geben Sie dem Kind die Kärtchen gemischt und erklären ihm:
„Leg jetzt die Kärtchen in der Reihenfolge, in der ich die Wörter gesagt habe, auf!“

Notieren Sie sich, wie viele Kärtchen das Kind an die falsche Stelle gelegt hat.

F:

15. Zungenfertigkeit

Für den Fachmann: Sprechmotorik

Diesmal geht es darum, zu überprüfen, wie gut Ihr Kind seine Zunge und alles, was man zum deutlichen Aussprechen braucht, in der Gewalt hat. Daß es sich bei den Wörtern, die Sie ihm vorsprechen, zum Teil um Wörter handelt, mit denen Kinder dieser Altersstufe noch nichts anfangen können, spielt insofern keine Rolle, als es nur darum geht, festzustellen, ob das Kind auch schwierig auszusprechende Wörter richtig nachsagen kann.

Erklären Sie dem Kind:
„Ich sag' dir jetzt Wörter vor. Hör mir gut zu und versuch dann, mir jedes Wort nachzusprechen. Manche dieser Wörter sind zwar recht schwierig, versuch es aber trotzdem!“

Die Wörter lauten:
Thermometer, Stumpfsinn, Volksschule, Reflektor, kumulativ, Organisator, Schnecke, deduktiv, Chauffeur, Kaulquappe

Notieren Sie die Anzahl der Wörter, bei denen das Kind Fehler gemacht hat. Dabei zählt allerdings nur der erste Nachsprechversuch (natürlich dürfen Sie aber die Wörter nochmals vorsagen, wenn das Kind es möchte, bevor es nachspricht).

F:

16. Handgeschicklichkeit

Für den Fachmann: Visuomotorik

Diese Gruppe von Aufgaben („Aufgabengruppe 16") dient dazu, die Zusammenarbeit von Auge und Hand zu überprüfen.
Sie sehen immer zwei parallel verlaufende Linien, die eine Art Straße bilden. Das Kind hat nun die Aufgabe, mit einem weichen Bleistift in der Mitte zwischen den beiden Linien einen Strich zu ziehen, ohne dabei eine der beiden vorgezeichneten Linien zu berühren oder zu überfahren.
Erklären Sie ihm:
„Du siehst hier kleine Straßen. Nimm nun den Bleistift und versuch, in der Mitte der Straße zu fahren, ohne an den vorgezeichneten Linien anzukommen oder hinauszufahren!"

Als Fehler gilt jedes Berühren oder Kreuzen der vorgezeichneten Linien. Fährt das Kind mit dem Bleistift über den Rand der Straße hinaus und dann wieder auf die Straße zurück, kreuzt es damit die vorgezeichneten Linien also zweimal, wären das zwei Fehler.

F:

17. Heraussehen

Für den Fachmann: Fokussierung der optischen Aufmerksamkeit

In der vorletzten Aufgabe geht es darum, die Fähigkeit des Kindes, auf eine vorgegebene Figur genau zu achten, zu überprüfen.
Sie geben dem Kind das Blatt, auf dem Sterne, Dreiecke, Kreise, Kreuze und Rechtecke zu sehen sind („Aufgabengruppe 17"), dazu einen weichen Bleistift und erklären ihm:
„Da oben auf dem Blatt" – zeigen Sie hin – „siehst du einen Stern gezeichnet. Darunter sind alle möglichen Figuren, aber auch Sterne. Versuch, alle Sterne zu finden, und streich sie durch!"

Insgesamt sind fünfzehn Sterne durchzustreichen. Jeder ausgelassene Stern zählt als Fehler.

F:

18. Heraushören

Für den Fachmann: Fokussierung der akustischen Aufmerksamkeit

Diese Aufgabe dient dazu, die Fähigkeit des Kindes zu überprüfen, ein bestimmtes Wort aus einem Text herauszuhören.
Zu diesem Zweck lesen Sie ihm langsam die untenstehende Geschichte vor. In der Geschichte kommt immer wieder das Wort „Hund" vor. Achten

Sie darauf, daß Sie nicht unwillkürlich beim Vorlesen dieses Wort besonders betonen.
Erklären Sie dem Kind:
„Ich lese dir jetzt eine Geschichte von einem Hund vor. Hör mir bitte genau zu. Jedesmal, wenn du das Wort Hund hörst, klopf auf den Tisch. Versuchen wir es einmal: ‚Hund.'"
Wenn das Kind die Erklärung richtig verstanden hat, klopft es jetzt auf den Tisch. Wenn nicht, erklären Sie ihm die Aufgabe nochmals, ohne die Geduld zu verlieren.
Erklären Sie dem Kind, daß es auch dann klopfen soll, wenn das Wort „Hund" zusammen mit einem anderen Wort auftritt, also z. B. „Hundegeschichte".
Um Ihnen die Kontrolle zu erleichtern, steht in der Geschichte hinter jedem Wort, bei dem das Kind klopfen sollte, in Klammer ein Rufzeichen.
Hundegeschichte
Es war einmal ein kleiner Hund(!). Dieser kleine Dackelhund(!) lebte mit Robert und Ida in einem Haus am Waldrand. Eines Tages gingen die Kinder mit dem kleinen Hund(!) spazieren. Da kam plötzlich ein ganz besonderer Duft in die Hundenase(!): Es roch nach Hase! Da riß der Hund(!) aus, lief ins Gebüsch und folgte, nach schnuppernder Hundeart(!), der Hasenfährte. Auf einmal wurde der Duft des Hasen überwältigend: der Hund(!) sprang schnell vor und – auf einen Pilz. Da war der Hund(!) enttäuscht, verbellte den Hasenpilz und lief zu Robert und Ida, die sich sehr über die Rückkehr ihres Hundes(!) freuten und herzlich über ihren kleinen Hund(!) lachten.

Als Fehler gilt sowohl, wenn das Kind bei „Hund" nicht klopft, als auch, wenn es zu oft klopft, also dann, wenn das Wort „Hund" gar nicht vorkommt.

F:

19. Körper- und Raumwahrnehmung

Für den Fachmann: Körperschema und Raumorientierung

Setzen Sie sich so neben das Kind, daß es Sie gut sehen kann. Sie schauen beide mit dem Gesicht in eine Richtung. Nun binden Sie sich und Ihrem Kind ein Bändchen um das rechte Handgelenk.

Erklären Sie dem Kind nun:
„Ich zeig' dir jetzt etwas vor, mach es mir ganz genau nach!"
Nehmen Sie nun folgende Stellungen ein, und bleiben Sie immer so

lange in einer Stellung, bis auch Ihr Kind diese Stellung – oder die, die es dafür hält – eingenommen hat.
Achten Sie genau darauf, ob die beiden Stellungen wirklich übereinstimmen, ob also z. B. Ihre rechte Hand und die rechte Hand Ihres Kindes dieselbe Haltung haben! Achten Sie auch auf die Reihenfolge!

1. rechte Hand ans rechte Ohr und linke Hand aufs linke Knie
2. rechte Hand auf den Mund und linke Hand aufs linke Knie
3. rechte Hand auf den Mund und linke Hand auf den Kopf
4. rechte Hand aufs rechte Knie und linke Hand auf den Kopf
5. rechte Hand auf die rechte Schulter und linke Hand auf den Kopf
6. rechte Hand auf die rechte Schulter und linke Hand auf den Mund
7. rechte Hand auf die rechte Schulter und linke Hand auf das linke Auge
8. rechte Hand auf den Kopf und linke Hand auf das linke Auge
9. rechte Hand auf den Kopf und linke Hand auf den Mund
10. rechte Hand auf das rechte Knie und linke Hand auf den Mund

Notieren Sie, wie viele Stellungen Ihr Kind falsch gemacht hat.

F:

Auswertung

Sie haben mit Ihrem Kind sämtliche Aufgabengruppen durchgeführt und die jeweilige Fehleranzahl notiert. Nun können Sie darangehen, herauszufinden, ob Ihr Kind in dem einen oder anderen Bereich im Vergleich zu seinen anderen Fähigkeiten einen Entwicklungsrückstand aufweist. Nehmen Sie dazu die Abbildung des Baumes, in dem im Stamm Nummern zu lesen sind, zur Hand.

Jeder Ast hat eine Nummer. Das ist auch die Nummer der Aufgabengruppe. Jede gelöste Aufgabe bedeutet einen Abschnitt des Astes, das heißt, mit jeder gelösten Aufgabe wächst der Ast.
Wenn Sie alle Aufgabengruppen auf alle Äste des Baumes aufgetragen haben, sehen Sie sofort, welcher Ast der kürzeste ist. Dies ist auch die Schwachstelle Ihres Kindes.
Wenn Sie Ihrem Kind helfen wollen, diese Schwäche auszugleichen, sehen Sie in der folgenden Liste nach, welche Aufgabengruppe zu welchem Übungsprogramm gehört. Diese Übungsprogramme finden Sie im dritten Teil.
Wählen Sie für Ihr Kind das Übungsprogramm aus, das zu der Aufgabengruppe gehört, die dem kürzesten Ast entspricht.

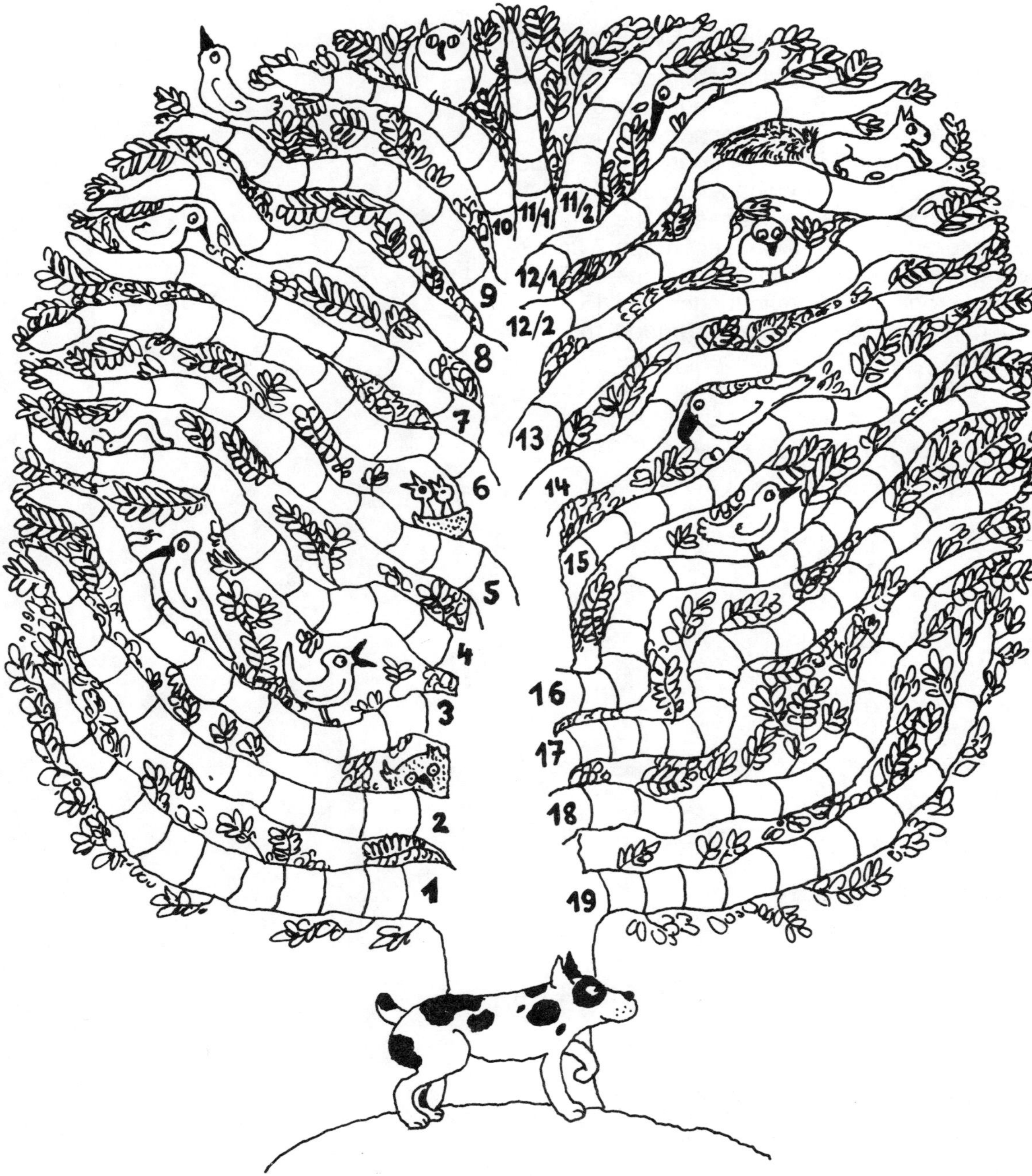
1
2
3
4
5
6
7
8
9
10
11/1
11/2
12/1
12/2
13
14
15
16
17
18
19

Liste der Aufgabengruppen und Übungsprogramme:

Übungsprogramm 1: Aufgabengruppe 3 und 17
Übungsprogramm 2: Aufgabengruppe 6 und 18
Übungsprogramm 3: Aufgabengruppe 1, 2 und 3
Übungsprogramm 4: Aufgabengruppe 4, 5 und 6
Übungsprogramm 5: Aufgabengruppe 9 und 10
Übungsprogramm 6: Aufgabengruppe 11 und 12
Übungsprogramm 7: Aufgabengruppe 7 und 8
Übungsprogramm 8: Aufgabengruppe 11/F2, 13, 14 und 12/F2
Übungsprogramm 9: Aufgabengruppe 15
Übungsprogramm 10: Aufgabengruppe 16
Übungsprogramm 11: Aufgabengruppe 19

III. Übungsprogramme

Vorbemerkungen

Die folgenden Übungsprogramme trainieren die Einzelfähigkeiten, wie sie im ersten Teil beschrieben und in den Aufgaben des zweiten Teiles einzeln erfaßt wurden.
Zu jeder dieser Einzelfähigkeiten gehört nun ein bestimmtes Übungsprogramm. Welches für Ihr Kind das richtige ist, konnten Sie mit Hilfe der Auswertung herausfinden.
Alle Übungsprogramme sind folgendermaßen aufgebaut: In der ersten Stufe finden Sie die leichtesten Übungen, in der nächsten Stufe schwierigere, in der dritten Stufe die schwierigsten.
Führen Sie mit Ihrem Kind also zuerst Übungen der ersten Stufe durch. Erst wenn Sie feststellen können, daß Ihr Kind bei diesen Übungen keinerlei Schwierigkeiten mehr hat, gehen Sie zu den Übungen der nächsten Stufe über. Auch hier üben Sie mit dem Kind, bis es ihm keine Mühe mehr bereitet, die Übungen durchzuführen. Dann erst nehmen Sie die Übungen aus dem dritten Teil. Das gilt, wie gesagt, für alle Übungsprogramme.
Fortschritte sind nur dann zu erwarten, wenn Sie beim Üben folgende Regeln beachten:

1. Die Übungen sind als Spiele aufgebaut. Das Üben soll für Sie und für das Kind gemeinsames Spiel, keinesfalls aber Arbeit oder gar Zwang bedeuten. Bitte, vergessen Sie das niemals!
2. Werden Sie nicht ungeduldig, wenn Ihrem Kind eine Übung nicht gelingt. Vergessen Sie nicht, daß Sie zwar mit dem Kind spielen, diese Spiele aber für Ihr Kind recht anstrengend sind, da sie gerade das vom Kind verlangen, was es am wenigsten gut kann. Machen Sie ihm also Mut, wenn es bei einer Übung Schwierigkeiten hat, und erhalten Sie ihm die Lust an den Übungsspielen!
3. Üben Sie regelmäßig, aber niemals zu lange! Besser ist es, täglich nur fünf Minuten zu üben als einmal in der Woche eine Stunde. Gerade weil die Übungen am schwachen Punkt Ihres Kindes ansetzen, ist es nur natürlich, daß das Kind dabei rascher ermüdet als bei anderen Spielen. Ermüdung bei Kindern dieser Altersstufe kann sich auch als Unlust, Ablenkbarkeit, „Raunzen“, Unkonzentriertheit zeigen – es muß also nicht direkt als „Müdesein“ sichtbar werden. Beenden Sie im Falle der Übermüdung die Übung, und versuchen Sie es am nächsten Tag wieder. Im Zweifelsfall üben Sie lieber zu kurz als zu lang!
4. Vergessen Sie niemals: Fördern und Überfordern sind zwei grundverschiedene Dinge. Fördern macht Freude, Überfordern schafft Verdruß.

Und nun viel Spaß!

1. Übungen zur Förderung des Heraussehens

Für den Fachmann: Optische Fokussierung

1. Stufe

Fenstergucker

Stellen Sie sich mit dem Kind ans Fenster. Da gibt es eine Menge zu sehen. Nun sagen Sie Ihrem Kind, was Sie sehen, und das Kind soll es suchen. Z. B.: „Ich sehe einen Hund!“ – Nun muß Ihr Kind mit den Augen das gesamte Bildfeld absuchen, bis es den Hund entdeckt hat.

Sie können alles mögliche aussuchen, was Ihr Kind entdecken soll. Hier nur einige wenige Beispiele:
Ich sehe eine Frau mit einem Regenschirm.
Ich sehe ein Kind mit einer Schultasche.
Ich sehe ein Fenster mit offenen Vorhängen.
Ich sehe ein Lastauto.
Ich sehe ein Moped.
Ich sehe einen Briefkasten.

Ist Ihr Kind schon ein guter Fenstergucker, so vertauschen Sie die Rollen: Lassen Sie das Kind etwas sagen, was es sieht, und Sie suchen es.

„Ich seh', ich seh', was du nicht siehst!“

Dieses Spiel können Sie überall durchführen.
Suchen Sie sich einen Gegenstand im Raum, und wählen Sie eine Eigenschaft dieses Gegenstandes, z. B. die Farbe.
Nehmen wir an, Sie befinden sich mit dem Kind in einem Raum, in dem ein brauner Sessel steht. Nun sagen Sie zu dem Kind:
„Ich seh', ich seh', was du nicht siehst, und das ist braun.“
Jetzt soll das Kind alle Dinge im Raum, die braun sind, suchen und nennen. Nennt es den Sessel, sagen Sie „Ja!“, und Ihr Kind ist an der Reihe, für Sie etwas auszusuchen, von dem es Ihnen nur eine Eigenschaft nennt. Sobald Sie erraten haben, was das Kind gemeint hat, sind wieder Sie an der Reihe.
Man muß genau das Gemeinte erraten. Nennt man etwa ein anderes Ding, das die verlangte Eigenschaft hat, also etwa braun ist, muß man trotzdem weiter raten, bis man das richtige Ding erraten hat.

2. Stufe

Bausteine aufräumen

Sicher haben Sie einen Bausteinkasten, Steckbausteine, ein Steckspiel oder etwas Ähnliches, was aus vielen Teilen besteht, bei sich zu Hause. Liegen die Bausteine (Stecker und dergleichen) kunterbunt durcheinan-

der? Sehr gut! Nehmen Sie sie, und leeren Sie sie entweder in eine große Schachtel oder einfach auf den Boden. Und nun sortieren Sie mit Ihrem Kind die Bausteine nacheinander in kleinere Schachteln – also etwa zuerst alle roten, dann alle blauen, dann alle grünen usw.
Schwieriger ist es schon, die Bausteine nach Formen zu ordnen, also etwa alle kurzen, alle langen, alle runden usw. in eine eigene Schachtel zu sortieren.
Dabei kommt es darauf an, daß Ihr Kind in diesem Haufen von Bausteinen keinen der gerade gesuchten Bausteine übersieht.

Nägel sortieren Vielleicht haben Sie eine Schachtel mit verschiedenen Schrauben und Nägeln bei sich zu Hause. Sortieren Sie diese mit dem Kind. Wie beim vorhergehenden Spiel kommt es darauf an, daß Sie eine bestimmte Sorte von Schrauben oder Nägeln herausnehmen und das Kind nun alle, die genauso ausschauen, heraussuchen lassen. Wichtig ist wiederum, daß Ihr Kind nichts übersieht.

Knöpfe sortieren Die beiden letztgenannten Spiele lassen sich natürlich genauso mit verschiedenen Knöpfen spielen.

Verdeckte Dinge Nehmen Sie drei oder mehr möglichst flache Dinge, und legen Sie sie so übereinander, daß sie einander zum Teil verdecken. Je mehr Gegenstände Sie aufhäufen, umso schwieriger wird die Übung.
Geeignet sind z. B. Schlüssel, Kamm und Messer, aber auch Bleistift, Gabel, Spiegel, Bücher, Postkarten, Büroklammern, Taschentücher usw. lassen sich gut übereinanderhäufen.
Sicher finden auch Sie noch eine ganze Menge für diese Übung geeignete Gegenstände.
Nun soll Ihr Kind – obwohl es immer nur ein Stückchen eines Gegenstandes sehen kann und den Haufen natürlich nicht berühren darf – erraten, was alles auf dem Haufen liegt.

Fadenlabyrinth Nehmen Sie drei verschiedenfarbige Fäden, und legen Sie sie so auf ein großes Blatt Papier, daß die Fäden einander überkreuzen und Schlangenlinien bilden. Nun soll Ihr Kind mit dem Finger jeweils einen Faden von seinem Anfang bis zu seinem Ende verfolgen.

3. Stufe

Gruppenfotos Sicherlich haben Sie Fotos zur Hand, auf denen Ihr Kind in einer Gruppe von anderen Menschen abgebildet ist. Zeigen Sie es Ihrem Kind, und lassen Sie es sich selbst heraussuchen. Günstig wäre, wenn auf dem

Foto auch noch andere, dem Kind gut bekannte Personen zu sehen wären. Lassen Sie es auch diese heraussuchen.

Plakate

Nennen Sie Ihrem Kind ein Ding, das auf Plakaten – oder in Zeitschriften oder Bilderbüchern – abgebildet ist, und lassen Sie es dieses Ding suchen.

Memory-Kärtchen suchen

Vielleicht besitzt Ihr Kind ein Memory-Spiel (das ist ein Spiel, bei dem es immer zwei gleiche Kärtchen gibt). Nehmen Sie zuerst zehn verschiedene Kärtchen, und geben Sie dann dem Kind die anderen zehn dazupassenden Kärtchen. Nun legen Sie die Kärtchen auf, aber so, daß die Abbildungen darauf zu sehen sind. Das Kind soll nun, so schnell es kann, seine Kärtchen auf das jeweils passende Kärtchen legen.

Tapeten „lesen"

Haben Sie in einem Raum eine Tapete mit Muster? Zeigen Sie dem Kind eine Figur auf der Tapete (Kreis, Dreieck usw.). Das Kind soll dann auf der Tapete die Figur wiederfinden.
Sie können sich auch Gestalten zu den Figuren ausdenken – z. B. schauen manche dieser Figuren mit etwas Phantasie wie Tiere aus. Fordern Sie nun das Kind auf, sich gleichfalls Figuren einfallen zu lassen, und lassen Sie sich die Figuren zeigen.
Dieses Spiel kann auch mit Vorhängen, Tischtüchern, marmorierten Fußböden, Steinmauern usw. gespielt werden.

Versteckbilder

Zeichnen Sie mit einem Bleistift eine einfache Figur auf ein Blatt Papier, und übermalen Sie die Figur mit der Breitseite der Bleistiftmine. Nun soll das Kind die Figur, die Sie inzwischen in einem Schleier von Bleistiftgrau „versteckt" haben, nachzeichnen. Schwieriger ist es, die Figur dadurch zu „verstecken", daß Sie sie verkritzeln, also kreuz und quer Linien darüber ziehen.

Abpausen

Legen Sie dünnes Papier (Durchschreibpapier) auf eine Zeichnung. Ihr Kind soll die Zeichnung, die jetzt nur mehr undeutlich zu sehen ist, abpausen.

Sternchen suchen

Malen Sie auf ein Blatt Papier kunterbunt verteilt viele Sterne. Zwischen die Sterne setzen Sie nun verschiedene andere Figuren, z. B. Kreuze, Dreiecke und dergleichen. Nun soll Ihr Kind alle Sterne herausfinden und nachziehen oder durchstreichen. Sie können es dann auch andere Figuren heraussuchen und nachziehen oder durchstreichen lassen. Je mehr Zeichen auf einem Blatt sind, umso schwieriger ist die Übung.

2. Übungen zur Förderung des Heraushörens

Für den Fachmann: Akustische Fokussierung

1. Stufe

Namensweg Bei diesem Spiel gibt es einen Start und ein Ziel. Wählen Sie den Start an einer Wand des Raumes, das Ziel möglichst weit weg davon. Nun stellt sich Ihr Kind an den Start. Sie beginnen mit möglichst gleichförmiger Stimme, also in eintönigem Tonfall, Wörter zu sagen. Dazwischen nennen Sie genauso eintönig den Namen des Kindes. Z. B.: Haus Ofen Blume Peter Apfel Puppe Peter Auto Ball Sessel Peter Kuchen Peter. Usw. Jedesmal, wenn Ihr Kind seinen Namen hört, darf es einen Schritt vorwärts in Richtung Ziel machen. Wenn es aber seinen Namen überhört, stoppen Sie und schicken es wieder einen Schritt zurück.

Fahren Sie fort, Wörter und dazwischen immer wieder den Namen des Kindes zu nennen, bis es am Ziel angelangt ist. Sobald das Kind den Namensweg geschafft hat, ohne daß es auch nur einmal einen Schritt zurück mußte, bekommt es einen kleinen Preis.

Dieses Spiel können Sie auch mit einer Kindergruppe spielen, indem Sie die Namen aller teilnehmenden Kinder einbauen. Sie können das Spiel auch zum Wettspiel umgestalten: Jedes Kind bekommt am Start vier Spielsteine. Bei jedem Fehler muß es einen Stein hergeben. Wer am Ziel noch alle Steine hat, hat gewonnen. Wer am Weg schon alle Steine verloren hat, scheidet beim nächsten Fehler, den er macht, aus.

Hausweg Spielen Sie dieses Spiel genauso wie den „Namensweg", nur daß diesmal nur beim Wort „Haus" vorwärtsgegangen werden darf. Ansonsten gelten dieselben Spielregeln wie vorher.

Auch dieses Spiel können Sie sowohl mit einem einzelnen Kind als auch mit einer Kindergruppe spielen. Erschweren können Sie das Spiel, indem Sie zwischendurch die Namen der Kinder bzw. den Namen des Kindes nennen, nur darf diesmal dabei nicht vorwärtsgegangen werden.

„Meine Tante hat eine Katze" Diesmal hat das Kind die Aufgabe, auf das Wort „Katze" zu hören. Jedesmal, wenn es das Wort „Katze" hört, soll es aufstehen.

Nun sprechen Sie ihm vor: „Meine Tante hat einen Hund. Meine Tante hat eine Kuh. Meine Tante hat ein Haus. Meine Tante hat eine Katze."

Nun muß das Kind aufstehen.

Sie fahren mit dem Satz: „Meine Tante hat . . ." fort und setzen immer neue Wörter ein – dazwischen immer wieder Katze.

Sobald Sie wieder „Katze" sagen, darf das Kind sich wieder hinsetzen.

Auch dieses Spiel können Sie mit mehreren Kindern gleichzeitig spielen. Beim Spiel mit mehreren Kindern bekommt jedes Kind ein anderes Wort, bei dem es aufstehen bzw. sich wieder hinsetzen soll.

„Isidor ißt Schokolade“

Dieses Spiel wird wie das vorige gespielt, nur daß Sie diesmal sagen: „Isidor ißt Schokolade“ (statt „Meine Tante hat eine Katze“). Beim Wort „Schokolade“ soll Ihr Kind aufstehen bzw. sich wieder hinsetzen.

Z. B.: „Isidor trinkt Milchkaffee. Isidor spielt Straßenbahn. Isidor ißt Marmelade. Isidor ißt Schokolade.“ (Kind steht auf.) „Isidor spielt Federball. Isidor ißt Butterbrot. Isidor trinkt Apfelsaft. Isidor spielt Detektiv. Isidor ißt Schokolade.“ (Kind setzt sich wieder hin.) Usw.

Auch dieses Spiel können Sie ganz einfach in ein Spiel für eine Kindergruppe umwandeln, indem jedes Kind einen anderen Satz bekommt, bei dem es aufstehen bzw. sich wieder hinsetzen soll.

2. Stufe

Geschichten vorlesen

Lesen Sie Ihrem Kind eine Geschichte vor. In jeder Geschichte gibt es Wörter, die immer wieder vorkommen. Wählen Sie ein solches Wort aus, und nennen Sie es Ihrem Kind. Nun soll das Kind immer, wenn es das Wort hört, auf den Tisch klopfen, während Sie die Geschichte langsam vorlesen.

Sie können dazu jede beliebige Geschichte auswählen. Erfahrungsgemäß sollte die Geschichte aber nicht länger als fünf Minuten vorgelesen werden, weil das Kind dann ermüdet und überfordert ist.

Die folgende kurze Geschichte ist als Beispiel gedacht. Das Wort, auf das hin in der Geschichte geklopft werden soll, lautet „Biene“.

Die Biene

Eine junge Biene lebte in einem großen Bienenstock mit vielen Geschwistern und seiner Mutter, der Bienenkönigin. Eines Tages kam eine ältere Biene zu der jungen Biene und sagte zu ihr: „Komm, flieg mit mir! Ich zeige dir, wie wir den guten Bienenhonig machen! Du sollst ja auch eine tüchtige Honigbiene werden.“ So flog die junge Biene mit der älteren aus. Sie kamen auf eine schöne Wiese mit vielen bunten Blumen. Summend und brummend ließen sich die beiden Bienen auf einer Blüte nieder, und die ältere Biene verriet der jungen das große Bienengeheimnis: Sie zeigte ihr, wie man den Nektar aus der Blüte saugt, und bald konnte es die junge Biene auch schon recht gut. Dann flogen die beiden nach Hause. Es gab noch viel zu lernen: Honig rühren, Bienenwaben bauen, Honig einfüllen und vieles mehr. Am Abend war die kleine Biene schon recht müde, aber auch sehr stolz: Sie hatte ihre erste Bienenwabe gebaut und sie mit Honig gefüllt. Morgen würde sie schon ganz allein ausfliegen dürfen, und bald schon würde sie eine kleine Bienenschwester zum Ausflug mitnehmen und auch sie in die Bienengeheimnisse einweihen können. Die kleine Biene war sehr froh, daß sie das alles gelernt hatte und nun schon ein tüchtiges Mitglied des Bienenvolkes war.

3. Stufe

Störung In dieser schwierigsten Übungsstufe geht es darum, daß Sie Ihr Kind dazu bringen, sich nicht ablenken zu lassen. Dazu brauchen Sie eine Geräuschkulisse, die Sie leicht selbst mit einem Cassetten-Recorder herstellen können.

Nehmen Sie eine Cassette mit folgendem Programm auf:

- Fünf Minuten Rauschen.
  Das Rauschen können Sie ganz leicht herstellen, indem Sie am Radio oder am Fernseher den Sender verstellen.
- Fünf Minuten Musik.
  Die Musik können Sie ebenfalls aus dem Radio aufnehmen.
- Fünf Minuten Straßenlärm.
  Stellen Sie das Gerät ans offene Fenster und nehmen Sie auf. Sollten Sie in einer verkehrsarmen Gegend oder auf dem Land wohnen, können Sie den Lärm auch von einem Autorennen aus dem Radio oder aus dem Fernsehen aufnehmen.
- Fünf Minuten Sprache.
  Nehmen Sie aus einer Nachrichtensendung oder Romanlesung im Radio fünf Minuten gesprochene Rede auf.
- Fünf Minuten Ihrer Stimme.
  Lesen Sie einen beliebigen Text, etwa aus einer Zeitung oder aus einem Buch, laut vor und nehmen Sie sich auf Band auf.

Nachdem Sie so eine Übungscassette hergestellt haben, können Sie mit der Übung beginnen: Lesen Sie wiederum die Bienengeschichte vor, bei der Ihr Kind, entsprechend der Aufgabe, immer, wenn es das Wort „Biene" hört, klopfen soll. Beim Vorlesen stellen Sie den Cassetten-Recorder ganz nah neben sich und lassen das Band, das Sie hergestellt haben, laufen, sodaß eine Geräuschkulisse entsteht. Ihr Kind hat nun die Aufgabe, sich nicht ablenken zu lassen und trotz Band keine „Biene" zu versäumen.

Wieder gilt, daß Sie auf keinen Fall länger als fünf Minuten auf einmal üben sollten.

Diese Übung mit Geräuschkulisse können Sie nun mit verschiedenen Geschichten und Wörtern durchführen.

3. Übungen zur Schulung des genauen Sehens

Für den Fachmann: Optische Wahrnehmung

1. Stufe

Für dieses Übungsprogramm sind Bilderlottos und Puzzlespiele geeignet, die im Handel erhältlich sind. Da sie jeweils auch eine Spielanleitung enthalten, sei hier nicht näher auf die Spiele eingegangen.

Zwillinge finden Nehmen Sie einen Baustein aus dem Bausteinkasten. Ihr Kind soll nun von den übrigen Bausteinen einen heraussuchen, der genauso aussieht, also sein Zwilling ist.

Papierzwillinge 1 Nehmen Sie ein Doppelblatt Papier, und schneiden Sie einfache Formen wie Kreise, Dreiecke usw. so aus, daß Sie immer beide Blätter auf einmal durchschneiden. So haben Sie auf einfache Art ein Spiel hergestellt. Jetzt legen Sie die Formen durcheinander auf und nehmen jeweils eine davon heraus, zu der das Kind den Zwilling suchen soll.

2. Stufe

Papierzwillinge 2 Schneiden Sie, wie vorher, aus einem Doppelblatt Formen aus, aber gestalten Sie die Formen einander ähnlicher, also z. B. lauter Dreiecke, die aber verschieden groß sind. Auch unregelmäßige Formen sind möglich. Nun spielen Sie so, wie in „Papierzwillinge 1“ beschrieben.

Zeitschriften-Puzzles Entnehmen Sie einer Zeitschrift ein möglichst großflächig gestaltetes Blatt, und zerschneiden Sie es in fünf Teile. Ihr Kind soll nun das Blatt wieder zusammensetzen. In je mehr Teile Sie das Blatt zerschneiden, umso schwieriger wird die Übung.

Deckerl flicken Nehmen Sie einen Stoffrest, und schneiden Sie unregelmäßige Stückchen heraus. Legen Sie den zerlöcherten Stoff flach auf, und geben Sie Ihrem Kind die herausgeschnittenen Stückchen. Das Kind hat nun die Aufgabe, die Flicken an der richtigen Stelle wieder einzusetzen. Dieses Spiel kann natürlich auch mit dickerem Papier gespielt werden.

3. Stufe

Verschönern Dazu brauchen Sie zwei Exemplare derselben Nummer einer Zeitschrift. Nehmen Sie aus beiden Exemplaren jeweils dieselbe bebilderte Seite heraus. Nun malen Sie auf ein Blatt mit Buntstift oder Filzstift etwas dazu, also etwa Bärte in Gesichter, Hüte auf Köpfe, Kettchen um Armgelenke usw. Sie „verschönern" das Blatt. Nun bekommt das Kind das andere Blatt und soll es genauso verschönern. Lassen Sie das Kind anfangs beim Verschönern zuschauen. Schwieriger ist es, wenn Sie Ihr Blatt verschönern, ohne daß das Kind zuschauen kann, sodaß es die „Verschönerungen" alleine finden muß.

„Wo ist der Dieb?" Nehmen Sie Spielsteine – aber auch Bohnen, Knöpfe, Zahnstocher, Zündhölzchen oder ähnliches eignen sich dafür.
Legen Sie daraus nebeneinander zwei gleiche Figuren, die sich nur dadurch unterscheiden, daß in einer Figur ein Spielstein mehr liegt als in der anderen. Dieser Stein ist der „Dieb", der sich zwischen den anderen versteckt hat. Das Kind hat nun die Aufgabe, diesen Dieb zu entdecken und „festzunehmen", also zu entfernen.
Das Spiel wird umso schwieriger, je mehr Spielsteine Sie für die Figuren verwenden.

„Wo ist der König?" Spielen Sie genauso wie bei „Wo ist der Dieb?", nur soll Ihr Kind diesmal in der Figur, die einen Stein weniger enthält, den fehlenden Stein, den „König", an der richtigen Stelle dazustellen.

Fehler suchen In Zeitschriften und Zeitungen finden sich immer wieder sogenannte „Doppelbildrätsel". Das sind Bilder, die sich durch kleine Fehler unterscheiden. Sammeln Sie diese, und lassen Sie Ihr Kind die Fehler suchen.

4. Übungen zur Schulung des genauen Hörens

Für den Fachmann: Verbal-akustische Wahrnehmung

1. Stufe

Ogi und Agi Ogi und Agi sind zwei Handpuppen. Sie können Sie ganz leicht basteln, indem Sie um zwei Stäbchen, Bleistifte, Kochlöffel, Löffel oder dergleichen zwei verschiedene Taschentücher oder Servietten binden. Eine der so entstandenen Puppen ist Ogi, die andere Agi.
Erklären Sie Ihrem Kind nun:
„Das sind Ogi und Agi. Beide können noch nicht richtig sprechen. Ogi kann nur O-Wörter, Agi kann nur A-Wörter sagen. Ogi sagt: wo, froh, oho, soso, Foto, Ofen. Agi sagt: aha, was, da, Mama, fad."
Nun sagen Sie dem Kind verschiedene Wörter vor. Es soll gut hinhören,

wer diese Wörter sagen kann. Ogi kann alle Wörter sagen, in denen ein O vorkommt, Agi alle, in denen ein A vorkommt. Sie sagen also immer ein Wort, und Ihr Kind sagt, wer von den beiden das Wort sagen kann. Gibt Ihr Kind die richtige Antwort, dann wiederholt das entsprechende Männchen freudig das Wort. War die Antwort falsch, schüttelt das Männchen den Kopf und ruft mehrmals seinen Namen. Hier ein Beispiel:
Sie sagen „Auto", Ihr Kind ruft „Ogi", und Ogi schreit darauf „Auto". Sagen Sie aber z. B. „Affe", und Ihr Kind sagt: „Ogi", so schüttelt es fest den Kopf und sagt traurig: „Ogi, Ogi, Ogi".
Wörter, in denen ein A und ein O vorkommt, können beide sagen. Falls Ihr Kind nicht von selber daraufkommt, kommt bei solchen Wörtern die nichtgenannte Handpuppe aufgeregt zu seinem Kameraden und will es unbedingt auch sagen.
Wenn Sie das Spiel mit mehreren Kindern spielen, verteilen Sie die Rollen: Ein Kind bekommt den Ogi, ein anderes den Agi, und Sie spielen genauso, nur daß die Kinder jetzt die Wörter nennen.

Beispiele für Ogis Wörter:
Ofen, Otto, Kopf, Brot, rot, Orden, schonen, hoch, Stroh, Koffer, Sonne, Sommer, Wolle, Lotte, kochen, Not, hohl, Ohr, Ostern, Sorte, Lohn, groß . . .

Beispiele für Agis Wörter:
Lampe, Kamm, Stall, Fahne, Halm, brav, Dame, Wasser, flach, Matte, Sack, Bahn, Mann, Kasse, Taxi, Angel, Ast, Apfel . . .

Beispiele für Ogis und Agis Wörter:
Autobahn, Kanone, hallo, Osterhase, Radio, Maskottchen, Soda, Antwort, Strohdach . . .

Ogi, Agi und Egi

Dieses Spiel wird genauso wie „Ogi und Agi" gespielt, nur kommt Egi hinzu.
Sie können wieder, wie vorher beschrieben, mit einem oder mit mehreren Kindern spielen.

Wörter für Egi:
Schnee, Esel, Lehne, Besen, Hemd, Klee, Tee, Engel, eben, drehen, beten, Eisen, hell, Fett, Brett, melden, lesen, fressen, kennen, Flegel, Henne, verdreschen, Ende, Kerze . . .

Wörter für Egi und Agi:
Fahne, Apfel, aber, sammeln, Tanne, Assel, gerade, Erdapfel, Kaffee, Adresse . . .

Wörter für Egi und Ogi:
Ofen, stolpern, Rose, Bohne, kommen, sollen, Mode, ohne, ebenso, endlos ...
Erweitern Sie das Spiel immer um eine Figur, sobald Ihr Kind die Sprachen der vorhandenen Figuren gut kann. So käme als nächstes:

Ogi, Agi, Egi und Ugi

Gespielt wird wie bei den vorhergehenden Spielen.

Wörter für Ugi:
Uhr, Kur, Schnur, Flur, rund, Mund, null, und, Hund, Bund, Pult, Bub, bunt, Ulk, Kuckuck, Buch, Hut, Wurf, Brut, Turm ...

Wörter für Ogi und Ugi:
Kontur, Ohrwurm, Tollwut, Butterbrot, Sommerhut, Sonnenuhr – bei den letzten drei Wörtern kann auch Egi mitsprechen –, Hochsprung

Wörter für Agi und Ugi:
Armbanduhr, Walnuß, Standuhr, Dachshund, Malbuch, Natur ...

Wörter für Egi und Ugi:
Kummer, Hunger, turnen, Ufer, Erdnuß, Eckturm, Stehpult, Regenwurm ...

Ogi, Agi, Egi, Ugi und Igi

Gespielt wird wie bei den vorhergehenden Spielen.

Wörter für Igi:
Sims, hier, vier, mich, in, mit, Schirm, Fritz, friedlich, Licht, Trick, schlicht, wichtig, Stich, still, viel, nie, Knie, schlimm, Milch, Tier ...

Wörter für Ogi und Igi:
Frohsinn, Omi, Ostwind, vorhin, Honig, drollig, komisch ...

Wörter für Agi und Igi:
niemals, Kniefall, Wahnsinn, hinab, dahin, Wandschirm ...

Wörter für Egi und Igi:
endlich, herrlich, Insel, Igel, immer, hierher ...

Wörter für Ugi und Igi:
rundlich, Irrtum, Unsinn, mutig, ruhig, ulkig ...

Sie werden bemerkt haben, daß die Anforderungen an Ihr Kind schon ganz beachtlich sind. Falls sich Ihr Kind dabei recht schwer tut, machen Sie es ihm leichter, indem Sie zum Schluß nicht alle Puppen mitspielen lassen, d. h. Sie führen die neuen Puppen schrittweise ein und lassen die alten weg. Z. B.: Sobald Ugi dazukommt, geht Ogi weg, sobald Igi dazukommt, geht Agi weg, sodaß nie mehr als drei Puppen auf einmal im Spiel sind. Erst wenn Ihr Kind mit drei Puppen keinerlei Schwierigkeiten hat, führen Sie eine vierte Puppe und erst ganz zum Schluß eine fünfte Puppe ein.

2. Stufe

Kasperl lernt sprechen

Sie nehmen eine Handpuppe. Dies kann ein Kasperl, aber auch jede andere Puppe sein. Nun spielen Sie Ihrem Kind folgendes Kasperltheater vor:
„Schau, jetzt lehre ich den Kasperl genau sprechen. Ich sag' ihm immer ein Wort vor, und er muß es mir genau nachsagen. Du paßt gut auf. Wenn er es richtig macht, sagst du: ‚Bravo, Kasperl!' Wenn er es falsch macht, sagst du: ‚Falsch, Kasperl!'"
Danach sprechen Sie Ihrem Kind die unten angeführten Wortpaare vor. Das erste Wort ist immer das Wort, das Sie sagen, das zweite sprechen Sie mit Kasperls Stimme. Immer, wenn Kasperl gesprochen hat, kommt Ihr Kind mit „Bravo, Kasperl" oder „Falsch, Kasperl" an die Reihe. Macht Ihr Kind einen Fehler, wiederholen Sie das Wortpaar und fordern es auf, Kasperl keine Fehler durchgehen zu lassen.

Die Wortpaare:
Schüssel – Schlüssel, Küche – Kirche, Ofen – Ofen, Auto – Otto, rund – Mund, Fenster – Fenster, Kirche – Kirsche, Fell – Fell, Teller – Teller, eben – oben, Samt – Sand, Land – Land, Maus – Maus, Sohn – Sonne, kalt – halt, Baum – Baum . . .

3. Stufe

Kasperl lernt Unsinn-Wörter

Das Spiel wird wie „Kasperl lernt sprechen" gespielt, nur geht es diesmal um sinnfreie Silben.
Erklären Sie Ihrem Kind:
„Jetzt lernt Kasperl Unsinn-Wörter. Ich sag' ihm ein Wort vor, und er sagt es wieder nach. Hör ihm genau zu und paß auf, ob er es richtig macht. Wenn er es richtig macht, sagst du: ‚Bravo, Kasperl!' Wenn er es falsch macht, sagst du: ‚Falsch, Kasperl!'"

Die Wortpaare:
nuf – muf, wap – wap, hep – hep, kif – gif, tal - zal, lom – lom . . .

5. Übungen zum Merken von Gesehenem

Für den Fachmann: Optisches Gedächtnis

1. Stufe

Bausteine suchen

Nehmen Sie einen Baustein aus dem Baukasten. Überzeugen Sie sich, daß es noch einen solchen Baustein gibt. Nun zeigen Sie Ihrem Kind den

Baustein und fordern es auf, sich den Baustein gut zu merken. Dann verstecken Sie ihn hinter dem Rücken.
Ihr Kind soll nun einen gleich aussehenden Baustein aus dem Baukasten heraussuchen. Sobald es sich für einen Baustein entschieden hat, lassen Sie es ihn mit dem versteckt gehaltenen Baustein vergleichen.
Erweitern Sie die Übung bis auf fünf gleichzeitig versteckt gehaltene Bausteine.

Zündholzfiguren bauen

Bauen Sie aus drei Zündhölzern eine einfache Figur, die Sie dem Kind zeigen. Dann decken Sie die Figur zu. Ihr Kind soll nun versuchen, dieselbe Figur zu bauen.
Bauen Sie verschiedene Figuren. Erweitern Sie bis auf fünf Zündhölzer.

2. Stufe

Sich Bilder merken

Entnehmen Sie einem Memory-Spiel zehn Bildpaare, und machen Sie zwei Stöße daraus. In jedem Stoß befindet sich ein Bild des Bildpaares.
Nun nehmen Sie aus dem einen Stoß ein Bild und zeigen es dem Kind, das sich das Bild gut merken soll. Dann legen Sie das Bild weg. Nehmen Sie nun den zweiten Kärtchenstoß, und zeigen Sie die Bilder einzeln dem Kind. Es soll das richtige Bild wiedererkennen.
Wenn das gelungen ist, versuchen Sie es zuerst mit zwei, dann mit drei Kärtchen.
Sobald sich Ihr Kind drei Bilder auf einmal merken kann, nehmen Sie zwanzig Bildpaare und zeigen ihm zuerst vier, dann fünf Bilder auf einmal.
Sollte Ihr Spiel noch mehr Kärtchen enthalten, versuchen Sie, Ihrem Kind sechs Bilder zu zeigen und diese dann aus 24 anderen Kärtchen heraussuchen zu lassen.

Sich Karten merken

Nehmen Sie zwei Kartenspiele. Versuchen Sie wie oben zu spielen, nur daß Ihr Kind sich diesmal Karten – die schwieriger zu merken sind als die Abbildungen des Memory-Spiels – merken soll.
Beginnen Sie mit einer Karte, und steigern Sie bis auf vier Karten.

Sich Männchen merken

Nehmen Sie Spielsteine, Bohnen oder dergleichen.
Stellen Sie aus drei Elementen ein Männchen zusammen, das sich Ihr Kind merken soll. Verdecken Sie die Figur. Ihr Kind soll nun versuchen, das Männchen nachzubauen.
Erweitern Sie auf vier und dann auf fünf Elemente.

Sich Bausteine merken

Bauen Sie aus zwei Bausteinen ein Haus.
Ihr Kind soll sich das Haus gut merken. Verdecken Sie Ihr Haus, und lassen Sie das Kind das Haus aus dem Gedächtnis nachbauen.

Erweitern Sie schrittweise bis auf fünf Bausteine.
Sie können zu diesem Spiel natürlich auch Mosaiksteinchen oder dergleichen verwenden.

3. Stufe

Sich Figuren merken

Nehmen Sie ein Doppelblatt, und legen Sie ein Blatt Kohlepapier dazwischen. Nun zeichnen Sie verschiedene Figuren auf das Blatt, die nichts Bestimmtes darstellen müssen.
Nun schneiden Sie die Blätter auseinander, sodaß kleine Figurenkärtchen entstehen. Spielen Sie nun genauso, wie Sie es vorher beim Sich-Bilder-Merken getan haben.

Memory

Memory-Spiele enthalten immer Paare von zwei gleichen Bild-Kärtchen. Mischen Sie diese Paare gut durch, und legen Sie die Kärtchen mit dem Rücken nach oben auf den Tisch.
Danach darf jeder Spieler jeweils zwei Kärtchen aufdecken. Erwischt er dabei zwei gleiche Kärtchen, darf er sie behalten. Sind die Kärtchen ungleich, muß er sie wieder an dieselbe Stelle zurücklegen, und der andere Spieler ist an der Reihe.
Wer sich gut merkt, welches Kärtchen wo gelegen ist, wird natürlich viele Kärtchenpaare ergattern. Wer am Ende die meisten Kärtchen hat, hat gewonnen.
Sie müssen mindestens genausooft verlieren wie Ihr Kind!

Figuren-Memory

Kleben Sie die Kärtchen des Sich-Figuren-Merkens auf Kartons, und spielen Sie, wie eben beschrieben, mit Ihrem Kind damit Memory. Dieses Memory ist schwieriger als das vorige, weil unregelmäßige Figuren schwieriger zu merken sind als Abbildungen.

6. Übungen zum Merken von Gehörtem

Für den Fachmann: Verbal-akustisches Gedächtnis

1. Stufe

Sich Wörter in Geschichten merken

Wählen Sie aus einer kurzen Geschichte drei Wörter aus, die in der Geschichte mehrmals vorkommen. Diese drei Wörter sagen Sie dem Kind, das sich die Wörter gut merken soll. Dann lesen Sie ihm die Geschichte vor, und das Kind soll bei den drei Wörtern klopfen.

Sich Wörter in Wörtern merken

Sagen Sie dem Kind drei Wörter vor – z. B. Haus, Baum, Fluß.
Das Kind soll sich die drei Wörter merken. Nun sagen Sie ihm zwölf Wörter vor, unter denen auch die drei sind.
Nach jedem Wort, das Sie sagen, soll Ihr Kind antworten, ob es eines der vorher gesagten ist.

Z. B.:
Apfel, Glocke, Baum, Vorhang, Haus, Torte, Schirm, Schule, Fluß, Türe, Fenster, Bahnhof . . .

Erweitern Sie auf vier Wörter, die das Kind aus sechzehn Wörtern wiedererkennen muß. Sobald auch das Ihrem Kind keine Schwierigkeiten mehr bereitet, lassen Sie es fünf Wörter aus zwanzig Wörtern wiedererkennen.

2. Stufe

Rucksack packen

In diesem Spiel muß sich jeder Spieler eine Wortkette merken, die immer länger wird. Das Spiel kann zu zweit oder in der Gruppe gespielt werden.
Zu Beginn sagen Sie: „Ich packe meinen Rucksack und gebe einen Apfel hinein."
Nun ist Ihr Kind an der Reihe. Es muß Ihren Satz wiederholen und verlängern. Z. B.:
„Ich packe meinen Rucksack und gebe einen Apfel und ein Butterbrot hinein."
Sollten mehrere Kinder mitspielen, ist jetzt das nächste Kind an der Reihe. Es muß den letzten Satz wiederholen und um ein Ding, das eingepackt wird, verlängern.
Wenn Sie zu zweit spielen, sind wieder Sie an der Reihe. Dabei kann natürlich auch Unsinn „eingepackt" werden. Z. B.:
„Ich packe meinen Rucksack und gebe einen Apfel, ein Butterbrot und ein Ofenrohr hinein."
Dieser Rucksack wird nun immer weiter vollgepackt, wobei der länger werdende Satz immer abwechselnd bzw. in der Gruppe rundum wiederholt wird. Wer den Satz nicht aufsagen kann, scheidet aus.
Sobald der Rucksack zehn Dinge enthält, wird das Spiel beendet.
Jeder, der die zehn Dinge im Rucksack in der richtigen Reihenfolge aufsagen kann, hat gewonnen.

Dieses Spiel können Sie natürlich abwandeln. Z. B.:
„Auf meiner Wanderschaft sehe ich einen Berg."
„Zu meinem Geburtstag lade ich einen Osterhasen ein."
„Meine Tante schenkt mir einen Sonnenhut."

3. Stufe

Geschichten erfinden Dieses Spiel ähnelt dem Rucksackpacken, nur ist es schwieriger. Diesmal werden ganze Geschichten erfunden.
Einer sagt einen Satz, der nächste muß den Satz genau wiederholen und einen neuen Satz dazuerfinden. Sie beginnen z. B. mit: „Ein Bär geht durch den Wald." Ihr Kind fährt fort: „Ein Bär geht durch den Wald, da trifft er einen Schneemann." Sie setzen fort: „Ein Bär geht durch den Wald. Da trifft er einen Schneemann. Der Schneemann trägt einen Sonnenschirm." Usw.
Sie können die Geschichte bis auf zehn Sätze ausdehnen. Wenn sich Ihr Kind jedoch fünf Sätze nacheinander merkt, können Sie bereits zufrieden sein.
Mit Hilfe dieser erfundenen Geschichten, die möglichst lustig sein sollen, können Sie auch die Fähigkeit des Kindes, sich etwas länger zu merken, schulen: Schlagen Sie dem Kind vor, Ihre Geschiche später jemandem anderen zu erzählen.
Das Gedächtnis für Gehörtes schulen Sie natürlich auch, indem Sie Ihr Kind Lieder, Gedichte oder Reime lehren.

7. Übungen zur Verbindung von Gesehenem, Gehörtem und Bewegtem

Für den Fachmann: Intermodale Kodierung

1. Stufe

Weglaßlieder Sicher kennen Sie aus Ihrer Kinderzeit Lieder, bei denen manche Wörter durch Bewegungen dargestellt werden, während man die Wörter der Reihe nach wegläßt. Diese Lieder schulen die Verbindung zwischen Wort und Bewegung. Zwei solcher Lieder sind hier angeführt. Grundsätzlich kann natürlich jedes Lied, bei dem Wörter und Bewegungen koppelbar sind, herangezogen werden.

„Mein Hut, der hat drei Ecken"

Dieses Lied wird im Dialekt gesungen.

Mein Hut (Hand auf den Kopf legen), *der hat drei* (mit den Fingern „drei" zeigen) *Ecken* (mit den Händen eine Ecke andeuten), *drei* (mit den Fingern „drei" zeigen) *Ecken* (mit den Händen eine Ecke andeuten) *hat mein Hut* (Hand auf den Kopf legen), *und hätt' er nicht drei* (wie oben) *Ecken* (wie oben), *so wär' er nicht mein Hut* (wie oben).

„Ein kleiner Matrose“

Ein kleiner (mit den Fingern „klein“ zeigen) *Matrose* (Hand wie zum Salutieren anlegen), *der fuhr um die Welt* (mit den Händen eine Kugel beschreiben). *Er liebte* (sich selbst mit den Armen umschlingen) *ein Mädchen* (Figur eines Mädchens in die Luft zeichnen), *das hatte kein* (Kopfschütteln) *Geld* (mit Daumen und Zeigefinger Geste des Geldzählens machen). *Das Mädchen* (wie oben) *mußt' weinen* (Tränenspuren im Gesicht anzeigen), *und wer war schuld daran? Der kleine* (wie oben) *Matrose* (wie oben) *mit seinem Liebeswahn* (sich selbst umarmen und an den Kopf tippen).

Sie lassen immer zuerst ein Wort aus und ersetzen es durch die Bewegung – z. B. lassen Sie im ersten Lied das Wort „Hut“ weg, d. h. jedesmal, wenn das Wort „Hut“ käme, hören Sie auf zu singen und zeigen nur mehr. Und so lassen Sie immer ein Wort mehr weg, bis nur mehr die nicht durch Bewegungen dargestellten Wörter gesungen werden. Singen Sie vorerst mit Ihrem Kind, und lassen Sie sich zum Schluß das ganze Weglaßlied vorsingen.

2. Stufe

Geheimsprache

Üben Sie mit Ihrem Kind eine „Geheimsprache“ ein, bei der Wörter durch darstellende Bewegungen ersetzt werden. Z. B.:
mit den Händen an einem vorgestellten Lenkrad drehen bedeutet: AUTO
die Hände in die Luft strecken bedeutet: BAUM
die Hand zum Mund führen und eine Bewegung des Abbeißens machen bedeutet: BROT.
Beginnen Sie eine Geheimsprache mit drei Wörtern, und erweitern Sie bis auf fünf Wörter, wobei Sie natürlich beliebige Wörter aussuchen können. „Unterhalten“ Sie sich mit dem Kind in dieser Geheimsprache, indem Sie einmal das Wort sagen und das Kind die Bewegung durchführt, das andere Mal Sie die Bewegung durchführen und das Kind das Wort sagt.

„Noch geheimere Geheimsprache“

Ersetzen Sie wieder Wörter durch Gesten, wobei die Wörter nicht mehr aus den Gesten erkennbar sein sollen.
In der „noch geheimeren Geheimsprache“ bedeutet z. B. Sich-selbst-am-Ohr-Zupfen: LAMPE. Usw.
Beginnen Sie wieder mit drei Wörtern, und erweitern Sie bis auf fünf Wörter.

3. Stufe

Geheime Bilderschrift So wie Sie vorher Wörter durch Bewegungen ersetzt haben, ersetzen Sie jetzt Bewegungen durch Zeichnungen. Z. B.:
ein Kreis bedeutet BALL
ein Viereck bedeutet HAUS
ein Dreieck bedeutet HUT.
Zeichnen Sie die Figuren auf einzelne Kärtchen. Ihr Kind soll die Kärtchen „lesen". Sie zeigen auf ein Kärtchen, und das Kind sagt das Wort, bzw. Sie sagen das Wort, und das Kind zeigt das Kärtchen.
Erweitern Sie wie vorher auf fünf Wörter.

„Noch geheimere Bilderschrift" Zeichnen Sie sinnfreie Figuren, und ordnen Sie diesen Wörter zu. Z. B.: Schlingen bedeuten HUND – ähnlich wie in den Aufgaben zur Erfassung der Fähigkeit, Gesehenes und Gehörtes zu verbinden („Das hat die Henne gezeichnet" usw., siehe Teil II).
Spielen Sie wie vorher. Beginnen Sie wieder mit drei Wörtern, und erweitern Sie wieder bis auf fünf.

8. Übungen zum Erfassen und Behalten von Reihenfolgen

Für den Fachmann: Serialität

1. Stufe

Perlenketten Basteln Sie mit Ihrem Kind Perlenketten.
Sie geben ein Muster vor – also etwa zuerst eine rote, dann eine gelbe, dann eine blaue Perle –, und das Kind soll die Kette entsprechend dem Muster fortsetzen – also immer zuerst eine rote, dann eine gelbe, dann eine blaue Perle auffädeln, usw. Machen Sie das Muster nach und nach komplizierter: also etwa zuerst eine rote, dann eine blaue, dann wieder eine blaue, dann eine grüne Perle, usw. Bis zu sieben Perlen für ein Muster.

Flechten Um einen Zopf zu flechten, muß man bestimmte Bewegungen in einer bestimmten Reihenfolge ausführen: von links außen zur Mitte, von rechts außen zur Mitte, usw.
Lehren Sie Ihr Kind das Zöpfchenflechten.

Maschenbinden Auch beim Maschenbinden muß man bestimmte Bewegungen in einer bestimmten Reihenfolge ausführen. Zerlegen Sie einmal für sich die

Bewegungsabfolge des Maschenbindens in Teilschritte, und zeigen Sie Ihrem Kind das Binden Schritt für Schritt. Werden Sie nicht ungeduldig, wenn Ihr Kind die Schritte durcheinanderbringt und die Masche nicht gleich klappt.

2. Stufe

Aufträge erfüllen

Geben Sie dem Kind eine Reihe von Aufträgen, die es nacheinander ausführen muß. Z. B.:
„Leg den Ball auf den Sessel, dann mach die Tür auf, dann hüpf auf einem Bein, dann komm zu mir."
Sie können sich selbst allerlei Auftragsketten ausdenken und das Ganze zu einem Spiel mit Start und Ziel gestalten. Richtig ins Ziel zu gelangen, ohne etwas zu vergessen, ist mit einem kleinen Preis (Zuckerl, Stein usw.) verbunden.
Steigern Sie die Auftragsketten bis zu sieben Aufträgen.

Tanzen

Erfinden Sie für Ihr Kind einfache Tanzschrittfiguren – z. B.: eins vor, eins zurück, eins seitwärts usw. –, und tanzen Sie mit Ihrem Kind.
Steigern Sie Ihre Tanzschrittfiguren bis auf höchstens sieben Schritte. Schon wenn Ihr Kind Figuren mit fünf Schritten erlernt hat, können Sie zufrieden sein.

3. Stufe

Fingerspiele

Kennen Sie Fingerspiele, bei denen bestimmte Reihenfolgen von Bewegungen eingehalten werden müssen? Lehren Sie Ihr Kind diese. Als Beispiel hier:

Fingerklettern

Beide Hände mit dem Handrücken zum Gesicht, Finger gespreizt halten. Nun berührt der linke Zeigefinger den rechten Daumen. Dann stellt sich der linke Daumen dazu, sodaß der linke Zeigefinger und der linke Daumen gleichzeitig den rechten Daumen berühren. Dann wird der linke Zeigefinger in die Höhe gespreizt und berührt den rechten Zeigefinger. Die Daumen bleiben beieinander. Dann berührt der linke Daumen den rechten Zeigefinger, sodaß der linke Zeigefinger und der linke Daumen den rechten Zeigefinger berühren. Linken Zeigefinger in die Höhe strecken.
Falls Ihrem Kind die Bewegungsabfolge gelungen ist, können Sie diese um dieselbe Folge mit der rechten Hand erweitern.

Rhythmen klatschen

Klatschen Sie Ihrem Kind vorerst einfache, dann immer schwierigere Rhythmen vor. Ihr Kind soll versuchen, vorerst mit Ihnen mitzuklatschen und dann den Rhythmus alleine zu klatschen.

Bildgeschichten ordnen In Zeitungen und Zeitschriften finden sich immer wieder kurze Comics (Bildgeschichten). Schneiden Sie diese aus und die Bildketten auseinander. Ihr Kind soll nun versuchen, die Geschichte wieder zusammenzusetzen.

9. Koordination der Mundbewegungen

Für den Fachmann: Sprechmotorik

Um Wörter deutlich aussprechen zu können, muß man Zunge, Kiefer und Lippen gut in der Gewalt haben. Diese Fähigkeit soll nun geübt werden. Für diesen Bereich entfallen die drei Schwierigkeitsstufen.

Watteblasen Nehmen Sie ein kleines Bällchen Watte und setzen Sie sich Ihrem Kind gegenüber an einen Tisch. Nun soll das Watteballchen hin und her geblasen werden.

Tore schießen Bauen Sie aus Bausteinen auf Ihrer Seite des Tisches und auf der Seite des Kindes ein Tor. Nun wird abwechselnd versucht, dem anderen, indem man das Watteballchen dagegen bläst, ein Tor zu schießen.

Slalom Stecken Sie mit Bausteinen oder ähnlichem einen Slalom aus, bzw. legen Sie eine Bahn an. Nun muß jeder versuchen, das Watteballchen möglichst rasch durch die Tore bzw. über die Bahn zu blasen.

Zunge im Käfig Nehmen Sie einen Spiegel und halten Sie ihn so, daß Sie Ihren Mund und den Mund des Kindes darin sehen können. Nun machen Sie dem Kind Mundbewegungen vor. Das Kind soll versuchen, sie nachzumachen und dabei Sie und sich selbst im Spiegel beobachten. Erklären Sie dazu:
„Jetzt ist das Tor zum Käfig zu“ – Lippen geschlossen halten.
„Das Tor geht auf“ – Lippen auseinanderziehen – „Du siehst den Käfig“ – geschlossene Zahnreihen zeigen.
„Der Käfig geht auf“ – Mund aufreißen, Zunge bleibt im Mund.
„Die Zunge darf aus dem Käfig“ – Zunge herausstrecken.
„Die Zunge klettert hinunter“ – Zunge soweit als möglich zum Kinn strekken.
„Die Zunge klettert ums Eck„ – Zunge soweit als möglich in den rechten und in den linken Mundwinkel schieben.
„Die Zunge klettert hinauf“ – Zunge soweit als möglich zur Nasenspitze strecken.

„Die Zunge ist im unteren Käfig eingesperrt" – Mund offenlassen und Zungenspitze an die untere Zahnreihe pressen.
„Die Zunge ist im oberen Käfig eingesperrt" – Mund offenlassen und Zungenspitze an die obere Zahnreihe pressen. Sobald Ihr Kind die Bewegungen mit Spiegel gut kann, versuchen Sie alles einmal ohne Spiegel, um zu sehen, ob das Kind die Bewegungen schon im Gefühl hat.

10. Übungen zur Koordination von Auge und Hand

Für den Fachmann: Visuomotorische Koordination

1. Stufe

Abschießen 1 Nehmen Sie ein großes Blatt Papier (Packpapier) und für Sie und Ihr Kind je ein Stück verschiedenfarbiger Ölkreide. Ziehen Sie in der Mitte des Blattes der Breite nach eine Linie. So erhalten Sie zwei Hälften, von denen eine die Ihre, die andere die Ihres Kindes ist. Malen Sie mit Ihrer Farbe auf Ihrer Seite des Packpapiers unregelmäßig verteilt zehn Punkte. Ihr Kind malt auf seiner Hälfte ebenfalls zehn Punkte.
Nun beginnt das eigentliche Spiel: Abwechselnd versucht jeder, von seinem Punkt aus durch rasches Strichziehen einen Punkt des anderen abzuschießen. Von abgeschossenen Punkten aus darf nicht mehr geschossen werden. Wer als erster alle Punkte des anderen abgeschossen hat, hat gewonnen.

Umschießen Legen Sie einen Baustein auf den Boden. Nun versuchen Sie abwechselnd, ihn mit dem Ball zu treffen.
Sie können das Spiel erschweren, indem Sie aus Bausteinen ein Tor bauen, in das der Ball geschossen werden soll.
Sicherlich fallen Ihnen selbst noch viele ähnliche Spiele ein.

2. Stufe

Autorennen Zeichnen Sie auf einem Blatt durch zwei Linien im Abstand von etwa drei Zentimetern eine Bahn. Nun bekommt das Kind einen Buntstift und soll damit in der Mitte der Bahn „fahren".
Erschweren Sie die Übung, indem Sie die Bahn schmäler machen.
Schwieriger wird die Übung, wenn die Autos auf Bahnen mit Ecken oder auf geschwungenen Bahnen fahren müssen. Beginnen Sie auch hier mit breiten Bahnen, und lassen Sie sie erst allmählich schmäler werden. Wichtig ist, daß die Autos keine Unfälle haben, also nicht an die Begrenzungslinie stoßen.

Abschießen 2 Sie spielen wie bei „Abschießen 1", nur haben Sie diesmal statt der Ölkreiden und dem großen Packpapier Buntstifte und ein DIN-A4-Blatt. Damit wird das Spiel schwieriger.

Slalom Markieren Sie auf einem Blatt Papier mit Punkten einen Slalomkurs. Ihr Kind soll mit Buntstift um die Punkte herumfahren, ohne sie zu berühren.
Mit verschiedenfarbigen Buntstiften können Sie die letztgenannten Spiele auch zu Gruppenspielen umgestalten.

3. Stufe

Fäden entwirren Ziehen Sie über ein DIN-A4-Blatt mit verschiedenen Buntstiften ein zuerst einfaches Netz sich überkreuzender Linien. Zeichnen Sie ans Ende einer jeden Linie entweder eine Figur (Kreis, Dreieck usw.) oder ein Männchen, dem Sie einen Namen geben. Nun soll Ihr Kind am anderen Ende beginnen, jeder Linie nachzufahren und so zum Ende zu finden. So entdeckt es, welcher Faden zu welchem Männchen oder zu welchem Symbol führt.
Machen Sie das Spiel schwieriger, indem Sie die Linien entweder nur mit Bleistift ziehen oder die Fäden mehr verwirren. Sie werden sehr bald selbst herausfinden, was Sie Ihrem Kind zutrauen können und womit Sie es überfordern würden.
Das Kind sollte den Fäden immer in Schreibrichtung, also von links nach rechts folgen, um es gleich für das spätere Schreibenlernen auf diese Richtung vorzubereiten.

11. Übungen zur Förderung der Körper- und Raumwahrnehmung

Für den Fachmann: Raumorientierung

1. Stufe

Berührungsspiel Ihr Kind macht die Augen zu, oder Sie verbinden ihm die Augen. Nun berühren Sie es ganz leicht an einer Stelle seines Körpers und lassen die Hand dann über der Stelle schweben, ohne es jedoch zu berühren. Ihr Kind soll nun genau dieselbe Stelle berühren.

Greifsack Stecken Sie verschiedene einfach zu erkennende Gegenstände (Kamm, Bürste, Bleistift, Schlüssel, Löffel usw.) in einen Sack. Ihr Kind soll nun mit verbundenen Augen mit einer Hand in den Sack greifen und die Gegenstände erkennen. Gelingt es ihm nicht mit einer Hand, darf es die andere Hand zu Hilfe nehmen. Jeder erkannte Gegenstand darf aus dem Sack.

Menschen malen Breiten Sie ein großes Stück Packpapier auf dem Boden aus. Nun soll sich Ihr Kind darauf ausstrecken. Ziehen Sie seine Umrisse mit Ölkreide nach. Dann steht das Kind auf und zeichnet Augen, Nase, Mund, Ohren, Haare, Kleidung usw. ein. Anschließend legen Sie sich hin, und Ihr Kind soll Sie zeichnen. Das Spiel kann natürlich auch mit mehreren Kindern oder mit Puppen und Teddybären durchgeführt werden.

2. Stufe

Figuren reißen Nehmen Sie einander an der Hand und drehen Sie sich im Kreis. Dann lösen Sie beide gleichzeitig den Griff. Bleiben Sie in einer Stellung stehen, daß Sie, ohne umzufallen, ein paar Minuten in ihr ausharren können. Ihr Kind soll nun versuchen, dieselbe Stellung einzunehmen.

Hampelmann 1 Falls Sie über einen großen Spiegel verfügen, stellen Sie sich mit Ihrem Kind vor den Spiegel. Ihr Kind steht dabei vor Ihnen, also näher zum Spiegel hin. Beide haben Sie ein Bändchen um das rechte Handgelenk geknüpft. Nun nehmen Sie bestimmte Stellungen ein – z. B. Kopf nach rechts, rechte Hand in die Höhe, linke Hand in die Hüfte stemmen. Ihr Kind soll dieselbe Stellung einnehmen. Im Spiegel können Sie beide kontrollieren, ob die beiden Hampelmänner wirklich das gleiche machen.

3. Stufe

Hampelmann 2 Spielen Sie wie in „Hampelmann 1", nur steht Ihr Kind jetzt neben Ihnen.

Labyrinth 1 Bauen Sie im Zimmer aus alten Zeitungen, die Sie aufgebreitet hintereinander auflegen, ein Labyrinth, und stellen Sie sich mit Ihrem Kind – beide tragen Sie am rechten Handgelenk ein Bändchen – an den Start. Nun schickt Sie Ihr Kind die Bahn entlang, z. B. mit dem Kommando: „Einen Schritt vorwärts, nach rechts, nach links, rückwärts." Usw. Sie folgen ganz genau den Kommandos. Falls Ihr Kind sich irrt, folgen Sie seinem Kommando trotzdem und fallen mit Geschrei von der Bahn ins „Wasser".

Labyrinth 2 Bauen Sie im Zimmer eine Bahn wie vorher. Nun soll Ihr Kind mit verbundenen Augen an den Start. Schicken Sie es nun mit Kommandos wie vorher durch das Labyrinth. Geht es falsch, rufen Sie: „Ins Wasser gefallen", und das Kind muß zurück an den Start.
Wenn Sie mit einer Kindergruppe spielen, können Sie das Spiel zu einem Wettspiel umgestalten. Wer hineinfällt, weil er falsch gegangen ist, muß zurück zum Start, und der nächste kommt dran. Wer zuerst am Ziel ist, ist Sieger.

Schlußwort

Alle Übungen der Trainingsprogramme sind als Vorschläge zu verstehen, die beliebig variiert werden können. Bei ihrer Zusammenstellung stand der Gesichtspunkt möglichst geringen Geld- und Arbeitsaufwandes im Vordergrund: Auch wenn der Fachhandel zahlreiche Spiele anbietet, die die angegebenen Fähigkeiten üben, wurde versucht, mit Dingen das Auslangen zu finden, die vermutlich in jedem Haushalt vorhanden sind. Wenn Sie mit Ihrem Kind nun einige Zeit, mindestens aber ein halbes Jahr regelmäßig die Übungen, die sich nach der Auswertung von Teil II als die für Ihr Kind notwendigen erwiesen haben, geübt haben, können Sie die Überprüfungsaufgaben von Teil II nochmals durchführen. Bei einem Vergleich der beiden Auswertungen miteinander müßte der Leistungsanstieg Ihres Kindes sichtbar werden. Wenn Sie inzwischen Lust an den Übungen bekommen haben, können Sie natürlich auch weiter mit Ihrem Kind spielend üben. Vergessen Sie aber nie, daß die Freude am Spiel das Um und Auf für Ihr Kind ist. Lernen und Freude sollten immer untrennbare Zwillinge für Ihr Kind bleiben.

Johann Eder — Christine Fauland

Volksschule positiv!

Wiederholen · Üben · Vorbereiten

Deutsch und Mathematik 4. Klasse

Format: 19x20,5 cm
Kartoniert
135 Seiten und
48 Seiten Lösungsheft
ISBN 3-215-05725-5

Kurztext:
Immer mehr wird man sich der Bedeutung der Volksschule für die weitere Schullaufbahn bewußt. Dr. Christine Fauland und Prof. Johann Eder, zwei Fachleute mit umfassender Unterrichtserfahrung, geben mit ihrem Buch Eltern und Kindern Übungsmaterial in die Hand, mit dem das Volksschulwissen in Mathematik und Deutsch gefestigt und abgerundet werden kann. Damit wird ein sicheres Fundament für die weiteren Schuljahre gelegt. Sie tun dies nicht dozierend, sondern überlassen Hinweise und Erklärungen dem pfiffigen Mathefix und dem lustigen Fehlervogel Kudelix, zwei vergnüglichen Reisebegleitern zum Schulerfolg!

Dem Buch ist ein Farbposter beigelegt. Das Lösungsheft, das weitere Übungsmöglichkeiten (Übungsdiktate und Mathematikbeispiele) bietet, soll den Eltern eine ständige Kontrolle der Leistungen ihres Kindes ermöglichen.

ÖBV Pädagogischer Verlag